一度は泊まりたい有名宿
覆面訪問記

覆面取材：『自遊人』編集長・岩佐十良

まえがき

「ずいぶん過激な原稿ですね」

「宿からクレームとか来ないんですか？」

　そんなことをよく言われる。最初は「えっ？」と思った。「どこが過激なの？」「なんでクレームが来るの？」と。

　たしかに過激に見える部分はあるかもしれない。でも人に「過激」と言われる宿の原稿を読み返してやっぱり思う。「どこが過激なんだろう」。

『自遊人』という雑誌を自分で創刊する以前、私は『じゃらん』とか『東京ウォーカー』とか『TOKYO★1週間』とか、俗に〝情報誌〟と呼ばれるジャンルの雑誌の特集記事を制作していた。

　そこで行われていた作業のなかに「裏取り」と称するものがあった。それは名前の通り、本来は「間違いがないか」を確認する作業であったのだけれど、いつの時代からか、宿や店に記事の全文を掲載前に見せるのが通例になっていった。

そして宿や店からの赤字(修正依頼)は、しだいに文章の表現にまで入るようになっていった。もちろん事実関係に間違いがあるならともかく、表現に対する赤字を訂正する必要はない。でも各編集部はそれに起因するトラブルを嫌った。当然、文章は宿や店が喜びそうなもの(つまり修正が入りにくいもの)になっていき、やがて、雑誌の記事はおべんちゃらばかりが並ぶようになっていったのだ。

私はたまらなくそれが嫌で、自遊人という雑誌を10年前に創刊した。そして編集部員にも記者にも「自分が感じたこと、思ったことを、責任を持って原稿を書くように」と常々話した。そして、そんな雑誌の連載として誕生したのが「覆面取材」という記事だった。

自遊人ではそれまでも宿や店には、基本的にデータ部分しか見せていなかったのだけれど(全文は見せない方針)、それでも取材は取材であり、「こんな豪勢な料理が普段出るのだろうか」なんてことがざらにあった。果たして、より読者目線に立って記事を作るにはどうしたらいいのか。その答えが覆面取材というわけだ。

宿には当然ながら、自遊人であることは告げず、個人名で予約して宿泊する。デジタル一眼レフカメラを持ってくわけだが、〝カメラ好きの２人〟を演じて、普通に過ごす。そして原稿を書いて、そのまま掲載する。

たしかに料金やシステムが複雑な宿には、掲載直前にデータ部分の確認のために連絡をすることもある。でも書いた文章を事前に見せることはない。もちろん「見せてください」と言われることもあるけれど、「見せないことになっています」と伝える。「では掲載はけっこうです」と言われることもあるけれど「掲載するかしないかは、当社の判断ですので」と伝える。場合によっては「掲載したら名誉毀損で訴えます」という宿もあるけれど、その場合は「記事を見てからご判断ください」と伝える。

それで実際に訴えられたことがあるか、といえば、今のところはない。というより、よっぽどひどい宿は掲載しないし、そもそもそんなにひどいことを書いているつもりはないのだ。

「過激ですね」と言われるけれど、そんなに過激とは自分では思えない。いい部分は「いい」と書き、イマイチな部分は「イマイチ」と書いているだけだ。「気に入らない！」とか「むかつく！」とか、そんなことは書いたことがないし、それでは個人の憂さ晴らしになってしまう。とくに大きな問題点を感じた場合は、誰にとってＮＧな宿なのか、中立の立場で冷静に考え、表現に気をつけて書いているつもりだ。

さて、この本には雑誌自遊人で掲載した宿と、さらに新規で取材した宿の「覆面訪問記」を掲載した。訪ねている宿は、主に自遊人で不定期に行っている「宿大賞」の上位入賞宿と、世間で話題になっている宿。どの宿も同等レベルの宿の平均以上のクオリティを持っていると思う。

よく星が１つしかないと、「悪いってことなのね」と言われるのだけれど、そんなことはない。星１つは「まぁ悪くないかな」。決して後ろ向きの「悪くないかな」ではなく、前向きの「悪くないかな」だ。つまり「可もなく不可もなくよりいい」ことを意味している。自分としては星が３つで「ぜひ、また来たい！」と思うレベルで、４つはそれ以上、つまり「すごい宿だなぁ、この宿は」と惚れ惚れしてしまうときに付けている。５つともなるとそれは「日本有数のレベル」、つまりこんな宿は日本でも数軒しかないですよ、という意味。オリンピックのフィギュアスケートでいえば、キム・ヨナと浅田真央といった感じだろうか。「スキがない、完璧！」というときにしか付けていない。

　もちろん「５つ星だから」と星の数だけを見て、「ここにしよう！」と旅先を決めるのはやめた方がいい。なぜならば星はひとつの基準に過ぎないから。ぜひ本文をじっくり読んでいただき、「うーむ、自分には合っていないかも」と思ったら、その感覚を大事にしてほしい。なぜなら万人にとって最高の宿はないのだから。私にとっては最高の宿でも、人生の価値観が少しでも違えば、星なんて１つや２つ、すぐに減ってしまう。

逆に言えば星が２つや３つでも、皆さんにとって最高の宿がこのなかに含まれていると思う。この本では他の雑誌や書籍では書かないような宿の難点まで書いているけれど、その難点を「そんなのどうでも良くない？」「そんなこと気にする人がいるんだ」と思ったら、その宿に泊まった際の評価はグーンと上がるはずだ。なぜってそのことで星の数が減っているのだから。

本文をじっくり読んで、本当の宿の姿を洞察しながら、皆さんの宿選びの参考にしていただければ幸いです。次の旅が皆さんにとって、より良いものでありますように。読んでくださってありがとうございます。

２０１０年５月・蛙の鳴く新潟県南魚沼のオフィスにて。

岩佐十良

岩佐十良（いわさ・とおる）

取材・文・撮影

食と旅をテーマにゆとりある生活を提案する雑誌『自遊人』の編集長。自遊人創刊前に旅館のコンサル業的な仕事をしていたため、旅館の裏事情にも詳しい。今までに入湯した温泉は約1200湯、訪ねた宿は約3000軒。温泉の評価は泉質重視、食事の評価は化学調味料を使わずに、だしをちゃんとひいているかが重要。日常の食事は玄米菜食だが、週に一度はすしや天ぷら、フレンチ、イタリアンをたらふく食べる。大学時代は武蔵野美術大学工芸工業デザイン学科でインテリアデザインを専攻。

目次

記念日こそ間違いない宿

1万円前後で上質な宿

※取材時より料理や料金などが変更していることがありますが、記事本編には取材時の情報を記載しております。※データ欄の住所、宿泊料金などの基本情報は2010年４月現在の情報を掲載しております。データ欄の料金は基本大人２名で泊まった場合の１泊２食の１名分の料金です。料金は編集部調べです。ご利用の際には、各宿までお確かめのうえ、お出かけください。

記念日に間違いない宿

ひとくちに高級旅館といっても、すべてに完璧なわけではありません。ミシュランで星がとれそうな美味しい料理が楽しめる宿、建築や調度品、器が好きな人がときめく宿、至れり尽くせりの接客が特徴の宿……。場合によっては１泊で１人５万円以上するのだから「すべてに完璧でないと」と思うかもしれませんが、実はそんな宿はありません。「いい宿」と呼ばれる宿はすべてに平均点以上ですが、突出している特徴はひとつかふたつ。さて、あなたは何を優先して宿を選びますか？

高級旅館の新潮流

万人が楽しめる最も京都らしい宿。

星のや 京都

【京都府・嵐山】

2009年12月12日にオープンした『星のや 京都』。オープンから5カ月、オペレーションも落ち着いたと思われる4月中旬に宿泊してみた。

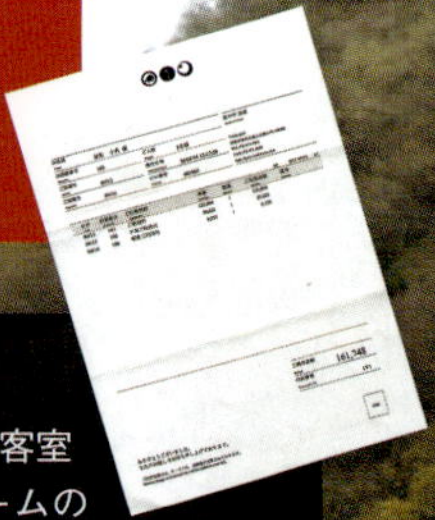

1泊食事なし **29,500円～**

2010年4月22日（木曜）、大人2名で宿泊。6タイプの客室から最上級グレードになる、和室＋書斎＋ベッドルームの特別室「月橋」を選択。桜の時期だったため通常期より料金は高め。客室と宿泊日により細かく設定。シーズンオフで29,500円～。宿泊した「月橋」は51,000円～で、宿泊当日は61,500円（すべて2名利用時1名室料、税・サ込）住 京都府京都市西京区嵐山元録山町11-2　電 050-3786-0066　食 日本料理（別途料金）が基本　♨ 温泉ではない　施 全25（全BT付）🕒 イン15:00／アウト12:00　交 電車 JR京都駅からタクシー25分　車 名神高速道路京都南ICから約30分

京都駅からは片道3,000円の定額サービスのあるMKタクシーを利用。

14:45 到着

京都駅からタクシーで嵐山まで20〜25分、渡月橋のすぐ脇にある「星のや上り桟橋」に到着。ここから1km上流の宿までは船で送迎するという粋な演出。

桟橋には船が２艘待機していた。ちなみに船の運航時間は8:00〜21:00。

桟橋の隣にある「舟待合」。小さな建物が待合として使われている。

オープン後5カ月に訪れたワケ

「星のや京都ってどうなんですか？」

果たして何人から聞かれただろう。２００９年12月12日のオープン以降、たびたびテレビに登場している『星のや京都』。そして、聞かれるたびに私はこう答えていた。

「まだ泊まってないからわからないですが、〝星のや〟ブランドを掲げているので、レベルは軽井沢同様に高いと思いますよ。星野リゾートが手掛ける他の宿とは力の入り方も違うでしょうから」

すぐに泊まりに行かなかったのにはワケがある。オープンしたての宿はどうしても〝できたてほやほや感〟があって、しっくりこないことが多い。庭の木々に元気がないだけで〝イマイチ〟と感じてしまうこともある。さらに高級旅館ではサービス面のオペレーションが乱れることも多い。客としては「ウン万円も払っているのにこの手際の悪さは」となるけれど、オープンしたてなのだから仕方ない。

いずれにしてもオープン直後では、話題性で泊まりに行くのはいいとしても、本当の宿の質を体験することはできない。そこで星のやの場合は期待していただけに、最低でも3カ月経ってから、どうせなら桜の季節に行こうと考えて、今回の覆面宿泊に至った、というわけだ。

待合には先客が３組いたのだけれど、なぜか殺気だった空気が……。

なんと増水のため船は運航しないという。川沿いの道をガタゴトと車で。

ふだんは開いていない道路と敷地の境界にある扉。１歩中に入ると……。

オープン後５カ月とは思えない格式感じる凛とした空気が溢れていた。

ハイライトでもある渡月橋からの船での送迎。ところが何か様子がおかしい。

軽井沢同様、謎のアジアン音楽がお出迎え。うーん、軽井沢よりあってる？

15:00 チェックイン

チェックインは15:00。係の女性スタッフがパブリックスペースのライブラリーなどの案内をしてから客室へ。こちらでの接客は完璧。萎えた気分も戻ってくる？

予約したのは「月橋」という客室。星のや京都には９タイプの客室があって、月橋は最上級のグレード。料金的にはかなり高いのだけれど、インターネットの客室詳細を見ると、個人的にはクラシックな和室の付いている月橋か「山の端」が京都っぽくていい。差額はけっこうあるけれど（通常期は1万円程度）、今まであまりにも何人に「どうなの？」と聞かれたこともあって、「ええい、思い切って！」と月橋を選んだのだった。

なぜか殺気だった舟待合

新幹線を京都駅で降りたら人の少ない八条口に出る。京都駅から星のや京都のある嵐山までは山陰本線や阪急電車を使うルートもあるけれど乗り換えが面倒。八条口のＭＫタクシーなら星のや京都まで片道３０００円の定額で行けるというので、それを利用することにした。

京都駅から約25分、嵐山の渡月橋脇にある桟橋に到着。ここから船で保津川（桂川）を上り、宿へ送迎してくれるというのが星のや京都のハイライトでもある。

ところが舟待合に入ると様子がおかしい。先客がすでに3組いたのだけれど、な〜んか険悪なムード。とくに何も説明がなかったので荷物を置いて、連れを待合に残して渡月橋へ。と、その数分後、連れが追いかけてきた。

窓の外はこんな感じ。対岸にはトロッコ列車の線路があるだけ。絶景！

ベッドルームのほか、クラシカルな和室、書斎付きですべて保津川向き。

予約したのは９タイプある客室のうち、最上級グレードにあたる「月橋」。

星のやお馴染みのカウチソファ。軽井沢と同じ作家のもののようだ。

ベッドルーム。CDプレイヤーもあるけれど、窓を開けて川のせせらぎを。

書斎。反対側に保津川を望む窓。窓際にもうひとつ小さな机がある。

係の女性がお茶を入れてくれる。お菓子は桜餅。これ、かなり美味しい。

「なんか、船が出ないらしいよ、増水で。それでお客さんのひとりが怒っちゃって、大変」

「えっ？うそ〜。係の人、何も言ってなかったじゃない」

「そこの舟待合、係の女性ひとりじゃない。どうもパニクっているらしくて」

　と、そこに助っ人らしき星のやの男性が登場。

「申し訳ありません。昨日の雨で川が増水していて船が出せないため、車でお送りいたします」

「増水で船が出ないなんてこと、あるんですか？」と私。

「いや、冬の間はそんなに大雨が降らないので滅多に増水しません。1カ月に一度あるかないか、でしょうか」

　ということは開業から数回目のアクシデントということだから、係の女性の手際が悪かったのも仕方ない。

想像以上の質感と完成度

　小さなワゴン車に乗って宿を目指す。船に乗れないのは残念だけど、その代わり思いがけない発見があった。道はとんでもなく狭く、アップダウンが激しい。道というより遊歩道といった感じで、とても自家用車の進入は無理だ。

　実は星のや京都のある場所には「嵐峡館」という老舗旅館があった。その当時から船で送迎していたらしいのだけど、この道を通ると思わず納得。船は決して演出ではなく、

ヒバの浴槽はいいけれど、黒い内装は圧迫感があっていかがなものか。

洗面とトイレは黒が基調。アメニティは必要最低限といった感じ。

トイレ。他の空間があまりに質感が高いため、異質に感じてしまう。

文箱にはすずりと炭と筆。手紙でもしたためてみましょうか。

目の前に連なる建物はまるで文化財。さすが、京都、さすが、嵐山。

フロントデスク前にある池の周りにはテーブル＆チェアが。

16:00 敷地内散策

建物は保津川沿いに並ぶ。嵐峡館時代と建物の配置こそ変わらないというが、壁から屋根からすべてを修復。文化財修復に近い、相当な費用がかかっていそうだ。

船でなければ行けないのだ。

　しかも星のや京都の建築費はそうとうかかったに違いない。軽トラックしか通れないから、資材はすべて渡月橋の手前で積み替える必要がある。これは大変な場所だ。

　なにしろ道が悪いから、たった１㎞程度なのに10分ほどかかってやっと到着。そして本来は閉じられている扉の向こうに入ると……それは素晴らしい空間だった。聞こえるのは保津川のせせらぎだけ。まるで山奥の秘境に来たような気もするけれど、目の前に連なる建築はまるで文化財。秘境ではあり得ない格式を感じる。やっぱりここは京都であり、嵐山なのだ。

「星のや京都って、古い建物の一部は壊して、新しい建物を建てたんじゃなかったんだ」と連れがつぶやいたが、実は私もそう思っていた。と、客室に案内してくれた女性スタッフが教えてくれた。

「以前あった嵐峡館は明治創業の老舗で、建物はすべて50年から１００年経っているんです。環境省のお達しで、その建物の配置すら変えることはできず、階段の位置までそのまま、内外装に手を入れているんですよ」

　なるほど、これは凄い。正直、言っては悪いけれど、もう少しチープなものを予想していた。いくら〝星のやブラ

敷地は軽井沢より狭くても、建物の質感は軽井沢を大幅に上回る。

もともとあった建物の瓦を再利用した枯山水風庭園。かなり斬新な空間。

苔むした岩に歴史と格式を感じる。客室は離れ形式で点在。全25室。

ライブラリーラウンジでは飲み物無料。軽井沢に似た雰囲気の小さい版。

18:00 夕食

メニューはなんとアラカルト。しかも営業は18:00～22:00。好きな時間に好きなものを楽しめる贅沢。普段は玄米菜食だけど、この日は存分に料理を楽しんだ。

ダイニングには個室と蕎麦打ち〝ショー〟を楽しめるカウンターがある。

前菜に選んだ「九条葱のプレッセ生姜風味フォアグラムース添え」2,700円。

ンド〟とはいっても、お金をかけるところにはかけて、かけないところにはかけない、メリハリのついた感じだと思っていたのだ。ところが。

客室の玄関の引き戸は無節の檜で、その滑らかな感触からして、違う。和室は嵐峡館時代の名残を残しながら完全に復元され、新たなデザインを施したベッドルームの床には木目の美しい栗材、壁のアクセントには京唐紙が使われている。軽井沢でお馴染みの家具もよく見れば木の材質が違う。そこに保津川の絶景が加わるのだ。

「敷地は軽井沢と比べたらはるかに狭いけれど、軽井沢に負けない空間だね。京都でこういう宿、ありそうでないし、これは高い室料の価値があるよね」

京都という地価の高い場所で、唯一無二のロケーションを持ち、しかもこの建築。あの細くて狭い道を考えると(文化財保護的な意味合いも考えると)、むしろ料金は安く感じてくる。あとは食事がよければ言うことなしだ。

蕎麦を軽くささっと?

食事は別棟のダイニングへ。時間を予約するだけで、あとは席に着いてから好きなものを注文すればいい。

そう。なんと星のやのダイニングはアラカルトで注文できるのだ。しかもお仕着せのコース料理がない！ これは

お造りに「鰆」1,800円と「ぐじ昆布〆」2,000円を。ここまで2人でシェア。

煮物に「朝掘り京筍の土佐煮」2,000円。これは1人1皿ずつ注文。

「蛤と春キャベツの酒蒸し」3,000円。2人でシェア。

筍好きの私だけ追加注文した「京筍と若布の焚き合わせ」1,700円。

軽井沢より1歩進んでアラカルトのみ。そんな宿、今までにあっただろうか。

蕎麦が食べたくなって席を移動。目の前で蕎麦を打つカウンター席へ。

連れが最後に食べた「天然明石鯛の潮仕立て」2,200円。

素晴らしく、そして画期的なことだ。

通常、旅館ではコストを抑えながら売上を伸ばすために1泊2食という形をとっている。当然ながら宿泊者の不利益になっていることが多く、泊食分離は要望の高いキーワードだった。そんなニーズに応え、近年に完成した高級旅館では泊食分離が基本になりつつあるけれど、それでもコース料理が中心。ところが星のや京都では、アラカルトを実現してしまったのだ。

実は私自身は玄米菜食を日常にしている（週に一度は魚や肉をたらふく食べるけれど）。軽井沢では完璧な対応で野菜料理＋玄米でコースを出してくれたので心配していなかったのだけれど、予約後一応、どの程度のわがままがきくのか電話で聞いてみた。その時にびっくりしたのがアラカルトのことだった。

「玄米は事前におっしゃっていただければご用意しますし、野菜食も可能です。ダイニングではアラカルトでお料理をご用意しておりますので、お蕎麦を軽くささっと、ということもできますので」

えっ？ お蕎麦を軽くささっと？ 今までそんな宿があっただろうか。そして現に私の前に置かれたメニューには単品料理がずらりと並んでいる。自分で食べたいものを食べ

「特製手打ち蕎麦」1,300円。ダイニングでは蕎麦＋数品でももちろんOK。

連れはデザートに「ほうじ茶のクレームブリュレ」1,100円を。

9:00 翌朝

朝食は前日の23:00までの予約制で、すべてルームサービス。京野菜と嵯峨野の名店「森嘉」の豆腐が入った「星のや朝鍋朝食」3,800円をオーダーしておいた。

朝食は和室で。ちなみにコンチネンタルブレックファストは2,900円。

天気がいいのでラウンジのコーヒーを外に持ち出して朝のティータイム。

腹ごなしに散歩に。ちなみにこの建物が夕食に使われるダイニング。

朝食を食べ終わって10:00。チェックアウトまではまだ2時間ある。

たいだけ自分で組み立てる贅沢。これは素晴らしい！さらに出てくる料理、そのすべてが〝京都基準〟なのだった。すべての素材が軽井沢よりいいし（軽井沢も十分いいのだけれど）、それでいて金額はけっこうリーズナブル。旅館と考えれば味は間違いなく最高峰の部類だ。

もちろん京都の料理屋も含めて最高峰とは言えないけれど、それは星のやも承知しているようで、そういった人には対岸にある「京都嵐山吉兆本店」などでの食事を勧めている（嵐山吉兆へは船で送迎してくれるそうだ）。次回はぜひその組み合わせも楽しんでみたい。

ひと言で言うと「最高でした」

朝食は和食または洋食で、すべてルームサービス。今回は「星のや朝鍋朝食」と名付けられた和朝食を頼んだ。鍋はたっぷりの京野菜と嵯峨野の名店「森嘉」の豆腐が入るヘルシーな内容。これにごはんと香の物が付く。もちろん玄米を頼んでおいたのだけど、この炊き加減がまた絶妙だった。そして朝食後は保津川を眺めながらチェックアウトまでの時間を客室でゆったりと過ごす。

「京都ってふつうすぐに観光に行きたくなるけれど、出かけたらもったいないね。あまりに快適すぎて」

たしかに到着時、舟待合での不手際はあったけれど、そ

窓からは保津川下りの船を望む。今日は増水もおさまって船が出そうだ。

書籍だけでなくCDの貸し出しもある。観光に出かけずのんびりする。

ライブラリーラウンジのほぼ全景。小さいけれど混み合うことはない。

星のや 京都

【京都府・嵐山】

超私的評価

★★★★☆

★ まあ悪くないかな
★★ けっこういい、悪くない
★★★ かなりいいじゃない！また来たい！
★★★★ もう最高！文句なし！
★★★★★ これは日本有数のレベルですよ

唯一無二の空間と料理

今回は桜シーズンだったため１泊素泊まりで123,000円、夕食29,628円、朝食9,120円の合計161,748円（いずれも２名料金。１泊２食計算で１人80,874円）と少々高かったけれど、ワンランク下の客室「山の端 和室」ならオフシーズンの室料は75,000円。つまり今回の１泊２食計算で56,874円。その価値は十分ある。

■ 温泉 ☆なし

温泉ではないし大浴場もない。客室の風呂のみ。

■ 料理 ★★★★★

アラカルト対応に敬意を表し５つ星。素材も軽井沢よりいいものを使っている。「これ以上を望むなら、京都の数ある料理屋へぜひどうぞ」というスタンスも潔い。

■ 風情＆ロケーション ★★★★★

京都では意外とない、この静かで自然溢れるロケーションと日本情緒溢れる建築。唯一無二の空間が広がる。

■ 接客＆サービス ★★★☆☆

舟待合でちょっとしたアクシデントがあったけれど、その後のスタッフは全員完璧だった。

■ コストパフォーマンス ★★☆☆☆

それなりに高額なので★★だけど、価格相応かそれ以上。とくに夕食は最後に勘定を見て「安い」と感じた。

❗ こんな人におすすめ！

京都へ「非日常」を感じに行きたい人に。これほど京都・嵐山のイメージとドンピシャの空間は他では味わえない。ちなみに京都を代表する（日本を代表する）名旅館『俵屋』と比べれば万人向けだけれど、それでもその〝空気感〟にお金を払う意識のある人向きだ。

❗ こんな人は行ってはダメ！

「広さ」とか「無料サービス」とか、「アメニティの充実度」を重視する人には向いていない。観光であちこちをまわりたい人もＮＧ。客室にもパブリックにもテレビがないのでテレビっ子もやめた方がいい。

12:00までいたお客さんは多数。帰りの船はほぼ満席に近かった。

きっかり12:00にチェックアウト。料金はすべて込みで161,748円也。

の後のスタッフの対応は館内でも、ダイニングでも、朝食でも完璧。客室や敷地内の質感も食事の内容も想像以上。宿泊料金は高いけれど十分その価値はある。

さてもう紙幅がない。「星のやってどうなの？」という問いに対しては「最高でした」が感想。軽井沢と比べて劣る点といえば温泉がないことと、敷地が限られていることだけ。それ以外はすべて軽井沢を上回っている。とはいえ「京都に行くなら絶対に星のやへ」とも言えないのも事実。なぜって京都には『俵屋』がある。次回の京都はどちらに泊まるか、悩むところだなぁ。

船は想像以上に風流。行きも船だったらさらに満足度は上がるはず。

スタッフが見送ってくれる。船から見る星のや全景はかなり荘厳な雰囲気。

日本で唯一のリゾート温泉旅館。

星のや　軽井沢

【長野県・星野温泉】

泊食分離、24時間ルームサービス、源泉かけ流しの風呂に広大な敷地。日本で唯一のリゾート温泉旅館とも言える「星のや」。その魅力やいかに？

２泊食事なし　**54,000円～**

2009年６月１日（月曜）に「山路地」２階客室に大人２名で宿泊。１泊食事なし23,000円を利用。夕食は「嘉助」で飲み物代込み２名30,360円。朝食はルームサービス２名6,000円。「ピッキオ」のツアー２名3,600円を含め、２名合計85,960円。※取材後に基本２泊～受付に変更。平日の最低価格は２泊食事なし54,000円～で日により料金が異なる。（税・サ・入湯税込み）住 長野県軽井沢町星野 電 050-3786-0066 食 泊食分離が基本 ♨ ナトリウム-炭酸水素塩・塩化物泉（成分総計1,142㎎／kg）男女別大浴場各１、露天風呂付男女別大浴場各１ 施 洋室77（全BT付） 🕓 イン15:00／アウト12:00 交 電車 長野新幹線軽井沢駅から無料シャトルバスで約15分 車 上信越自動車道碓氷軽井沢ICから約20分

〝あったらいいなぁ〟を具現化

今、もっとも〝日本らしいリゾート〟といえば『星のや軽井沢』ではないだろうか。この意見に異論のある人は少ないだろう。日本旅館とホテルの融合。泊食完全分離。24時間のルームサービス。プライバシーを重視した離れスタイル。連泊の推奨。源泉かけ流しの温泉。さらに野鳥の森へと続く広大な敷地……。

オープンからすでに4年。旅行業関係者がこぞって星のやのコンセプトを絶賛しながら、それに続く宿がいまだ一軒も現れないのは、それがいかに大変で、また個性的であるかという証明でもある。もちろん個性的といっても、ひとりよがりな個性ではない。もちろん人を拒絶する個性であるわけもない。あらゆる人が〝あったらいいなぁ〟と思う宿。その夢を追求したのが星のやなのだ。その魅力を改めて検証するべく、デジカメ片手に出掛けてみた。

軽井沢らしさを楽しめる客室

今回予約したのは「山路地」2階の客室。客室は全77室。中央を流れる水路の両側、谷の集落をイメージするように建物が配されている。水路に面した客室が「水波」、庭に面しているのは「庭路地」そして高台に位置するのが「山路地」だ。とくに2階客室は眺望抜群。星のやの敷地だけ

15:00 到着

上信越自動車道碓氷軽井沢ICから約20分。軽井沢駅から無料シャトルバス15分。なお、チェックインは15:00〜だが、レイトイン＆アウトもOK。イン18:00＆アウト15:00。

今回は車で訪問。まずは国道146号近くにある駐車場＆レセプションへ。

謎の楽器の演奏を聞き、米麹のオリジナルドリンク「ユタニ」をいただく。

レセプションから別荘地を抜け「星のや」の敷地へ。スタッフの運転する車で。

でなく、野鳥の森や星野別荘地を一望できる。

客室の大きな窓を開けると、広いテラスが続いている。上部に屋根付き。夏の軽井沢は霧雨の日が多く、別荘の多くはこのような〝カバードデッキ〟を備えている。霧雨でもデッキに出て食事や読書を楽しむのが軽井沢流、というわけだ。

野鳥のさえずりを楽しむのも軽井沢流避暑の醍醐味。なにしろ目の前は野鳥の森だから……。同行した編集部Kも「素晴らしい環境ですね」と気に入った様子。気付けばテラスで1時間が過ぎていた。

ちなみに今回宿泊した山路地2階の客室は1名素泊まり2万3000円。料金は季節によりかなり細かく設定されていて、おおまかに1万5000円〜4万円程度。山路地2階を基準にすると、水波と庭路地のメゾネットタイプはプラス3000円、山路地1階と庭路地はマイナス1000円といったところだ。

軽井沢らしさを楽しめる客室

まずい。部屋で少々のんびりしすぎた。星のやが連泊を推奨しているように、施設全体を満喫するにはとても1泊では足りない。とはいえ、覆面訪問記ではひと通りを体験しなければならない。ということで、あわてて外へ。

人気の「山路地」2階。水波の客室もせせらぎが心地よくおすすめ。

よもぎ餅とお茶をいただきつつ、館内の説明を受ける。記帳はこちらで。

客室により、40〜81㎡。こちらは平均的な広さで、約68㎡。テラス付き。

16:00 散策

「谷の集落」と名付けられた敷地内に、客室棟、フロントや日本料理店がある「集いの館」、大浴場、日帰り温泉施設「トンボの湯」などが点在。「軽井沢野鳥の森」にも隣接する。

泊食分離、
24時間
ルームサービス。
ありそうでない
日本で
唯一の宿。

棚田をモチーフにした庭を散策し、宿泊者ゾーンからパブリックゾーンへ。

「星のや」入り口にある「村民食堂」。隣には日帰り利用OKの「トンボの湯」。

最初に向かったのは「村民食堂」隣の「ハングリースポット」へ。ここでまた一休み。ってまだ部屋を出て10分しか経っていない。

「でも、ここのケーキは食べておいた方が……」とK。

「誰が言ったの？」

「いやガイドブックに……」

すっかり観光客気分だ。芝生の庭を眺めながら、また小1時間。7月には湯川の渓流沿いにカフェや飲食店が集まった「ハルニレテラス」もオープンするから、本当に時間が足りなくなる（２００９年7月15日オープン）。周辺を散策したらもう18時。日帰り施設の「トンボの湯」は明朝の宿泊者専用時間に入るとして、宿泊者専用の「メディテイションバス」に入らねばならぬ。

軽井沢というと温泉のイメージがないけれど、実は星野温泉は湯量豊富。毎分５００ℓ。すべての湯船がかけ流しだ。メディテイションバスにもダバダバと注がれている。

ただし個人的にはこの風呂、あまり好みではない。メディテイション＝瞑想。「光の部屋」と「闇の部屋」に湯が満たされているのだけれど……軽井沢に人工的なヒーリング空間は必要ないと思うのは私だけだろうか。なぜってテラスで風に吹かれるだけで、軽井沢の自然は瞑想へと誘っ

「村民食堂」と同じ建物にあるカフェ「ハングリースポット」で一休み。

「ベリーベリータルト」580円、コーヒー380円。テイクアウトもOK。

宿泊者専用「メディテイションバス」と「スパ」の受付がある建物。

脱衣所脇にあるリラックスルーム。この空間はかなりいいのだけれど。

打たせ湯、シャワーブース、サウナなどがあるゾーンを抜けると……。

「光の部屋」。このさらに先に「闇の部屋」がある。源泉かけ流し。

20:00 夕食

食事はどこへ行くのも自由なのだけれど、今回はせっかくなので「集いの館」内の「日本料理 嘉助」（17:00〜21:00LO）へ。前日昼に「野菜だけで」と伝えて、予約。

前日夜、さらに「玄米を食べたい」「一人は昆布使わないで」とオーダー。

てくれるのだから。ちなみにもうひとつだけ好きになれないのがパブリックで流れるヒーリング音楽。鳥の声の方がよっぽど癒される。とはいえ、「それが好き！」という人も多いようなので……（Kは気に入ったみたいだ）。

「嘉助」は衝撃的進歩を遂げていた

夕食は星のや内にある宿泊者専用の日本料理店、「嘉助」を予約。予約時に「野菜だけで」とオーダー。なんと星のやは、嘉助はもちろん、系列の「ブレストンコート」のレストラン、「ノーワンズレシピ」もベジタリアン対応可能。マクロビにも対応可能だそうで、これは凄い！というほかない。さらに実は編集部K、〝昆布アレルギー〟という日本料理を食べるのに絶望的なアレルギーを持っている。

「日本料理は大好きなんですけれど、数年前から昆布がだしに使ってあると呼吸が苦しくなるんですよ」

ということもあって、今回、「だしの昆布も抜いてください」とオーダーしたのだけれど……お椀を口に含んだKが歓喜の声を挙げた。

「すご〜い！ 鰹節と椎茸でだしをとってる」

もちろん私のお椀は鰹節と昆布だしだ。ということはすべての料理に2種類のだしを使っている？ これは凄い。というより、旅館はもちろん、日本料理の有名店でも対応

一品目「南瓜のお豆腐と野菜素麺」。野菜を丸ごと使った器にビックリ！

「煮物椀」。昆布アレルギーの編集部Kも大満足。だしは椎茸と鰹節。

茄子、軽井沢いんげんなどの「夏野菜寄せ」。胡麻風味のクリームで。

「山の恵みの八寸」。根曲がり竹の和え物、山ウド田楽、山菜天ぷらなど。

「嘉助」での夕食は大満足。「こんなに美味しかったっけ?」

「豆乳鍋」。まわりを見ると、メニューがまったく違う。こりゃスゴイ!

「炊き合わせ」。鰻の蒲焼きに見えるのは、「嘉助特製フランスパン蒲焼」。

してもらえないだろう。

さらに気が付いたことがある。オープン時と比べて嘉助の料理は何ランクも美味しくなっている。本当に、びっくりするほど美味しくなっていたのだ。だし素材も調味料も、そうとう良くなっているのだろう。

実はこの1年だけで星のやに4泊もプライベートで泊まっているのだけれど、すべて、外のレストランで食事をしていた。嘉助の夕食は1万3860円。ならば『エルミタージュ・ドゥ・タムラ』や『無菜庵』、『ドメイヌ・ドゥ・ミクニ』などで食事をした方がいい、と思っていた。料金は同じくらいだし、〝嘉助はイマイチ〟とオープン時に食事をしたとき、感じたからだ。

ところが! その時の印象とはまったく違う。これは旅館料理ではなく、日本料理。軽井沢には美味しい日本料理店がない。今は宿泊者専用だけど、外来を受け付けたら常連が付く味だし、これなら料金もむしろ良心的だ。

これは後日談だけど、ツーリズムマーケティング研究所の井門隆夫氏と星のやの話になった。井門氏が「星のや唯一の欠点は料理ですよね」と言うのでこの話をすると、「へええ、そうなんだ。また行かなきゃ」ということに。同じように思っていた皆さん、行ってみた方がいいですよ。

ホワイトアスパラガスを酢味噌で。ちゃんとした〝日本料理〟が登場。

じゃ～ん。待ってました。玄米! 長野・木島平産。釜ごと登場。

デザート1品目は季節の果物盛り合わせ。うう～、もう苦しいかも……。

「嘉助特製抹茶アイスクリーム入りお善哉」で締め……たら22:00！

「嘉助」階上にある「ライブラリーラウンジ」。無線LANでネット接続も可。

コーヒー、ハーブティーなどのドリンクやお茶請けが用意。いずれも無料。

お部屋に戻ってお仕事。全室、LANケーブルでネットに接続ができる。

客を裏切らない価格とサービス

翌朝は和食のルームサービスを頼んでおいた。やはり野菜食でご飯は玄米。さらにKの分は昆布抜き。もちろん化学調味料も使っていない。

「こんなことしてくれる宿ってあるんですね。凄い」

実はK、以前、ある外資系超高級ホテルで働いていた。そのホテルでもここまでの対応は難しかったというのだ。それほどに大変ということだ。そういえば星のやは深夜のルームサービスも充実している。とても深夜に頼めるとは思えない内容。これもまた裏方は大変に違いない。星のやは、お金を払った分だけ必ずリターンがある宿なのだ。

旧来の高級旅館は、高級なのは〝見える部分だけ〟であることが多い。施設が豪華、建材が豪華、食材が豪華。そして最近完成した高級旅館は価格だけが高いことの方が多い。ゲストのニーズを実現するより、いかに客単価を上げるかが優先されるからだ。

こういった宿から比べると星のやには安心感がある。望んだら望んだ分だけ返ってくる。望まなければ比較的リーズナブルに過ごすこともできる。

今回の宿泊は素泊まり2万3000円。朝食付きで2万6000円。2食付きだと4万1000円程度。この

ツインベットが基本。一部、ダブルのお部屋もあり、ちょっと割安。

7:00
翌朝

朝食はルームサービスに。「ご飯は玄米、野菜だけで」と予約。時間通りにチャイムが鳴り、テラスにテーブルセッティング。軽井沢の朝食はやっぱりテラスに限る。

鳥のさえずりが気持ちいい。味噌汁も玄米の炊き加減もいい感じ。

9:00～始まるという「のびのび深呼吸」に参加。お庭内の「茶屋」へ。

星のや　軽井沢

【長野県・星野温泉】

超私的評価

★★★★★

★ まあ悪くないかな
★★ けっこういい、悪くない
★★★ かなりいいじゃない！また来たい！
★★★★ もう最高！文句なし！
★★★★★ これは日本有数のレベルですよ

この宿のサービスはすべての宿の手本

なにより「お客の要望に応えよう」というホスピタリティが素晴らしい。ちなみにこの１年で自腹でリピートした高級宿は、ココと『ホテルリッジ』だけ。

■ 温泉 ★★☆☆☆

泉質はかなりいい。ただし宿泊者専用の「メディテイションバス」よりも、日帰り施設の「トンボの湯」の方が風呂としてはいいと思う。

■ 料理 ★★★★☆

「嘉助」の日本料理は大幅にレベルアップ。もちろん料理素材には限界があるけれど、信州産のものを工夫して使っていて、価格を考えれば文句ナシ。料理の様々な対応に関してはもちろん★★★★★。

■ 風情&ロケーション ★★★★★

これだけ広大な敷地は他ではあり得ない！

■ 接客&サービス ★★★★☆

笑顔も接客も文句ナシ。ただし敷地が広大すぎて、何か頼んでからスタッフが部屋にやってくるまで時間がかかるのは、ま、仕方ないか。

■ コストパフォーマンス ★★☆☆☆

コストパフォーマンスで考える宿じゃないか、と。価格相応の満足度はしっかり得られます。

! こんな人におすすめ！

忙しく働くすべての人に。18:00チェックイン&15:00チェックアウトも選べる。アレルギー体質の人はもちろん、野菜食や玄米食など、健康に気を遣っている人にもおすすめ。数日前にオーダーすれば、ほぼどんな要望でも聞いてもらえる。

! こんな人は行ってはダメ！

自然環境と空間デザインは最高なのだが、家具や内装素材はそれほどいいものではない（布団はいい）。なので、家電とか家具とかのデザインを語りたい人には不向きかも。テレビもないのでテレビっ子にも不向き。

「トンボの湯」へ。9:00～10:00は宿泊者専用タイム。露天風呂もあり。

ヨガをベースにした体操に挑戦。美人インストラクターが指導。

料金は質を考えると決して高くはないだろう。特に嘉助の質が上がったことが、宿全体の魅力を向上させている。

　メディテイションバスもヒーリング音楽も、ついでに言えばレセプションの謎のアジアン楽器の演奏も、私自身はあんまり好きではないけれど（でもこれからの高級旅館はそれでいいのだ。万人ウケする必要はないのだから）、それでも星のやに泊まってしまう。なぜならそれ以上に素晴らしい点が多いから。抜群の環境、静かな客室、小鳥のさえずり、気持ちいい接客、ピッキオのツアー、そして料理。こんな温泉宿は他にない。

お土産を選んだら、12:30。チェックアウト時間過ぎちゃいました！

10:00～「ピッキオ」主催の「野鳥の森ネイチャーツアー」に参加。

オーナーのセンスと先見の明が光る宿。

扉温泉 明神館《みょうじんかん》

【長野県・扉温泉】

常に時代を先取りしてきた『明神館』が次に取り組むのは「マクロビオティックな食事」。満足度はどんなものか、デジカメ片手に訪問、検証してみた。

1泊２食 26,150円～

2009年5月11日（GW明け月曜）に「青龍館」露天風呂付き客室に大人２名で宿泊。１泊２食36,885円（７％オフ後の料金＋入湯税）。正規料金は39,650円、冬季は38,650円、お盆と秋の連休は41,150円、年末年始は44,150円。一般客室は26,150～28,650円、冬季は23,650～27,150円、お盆と秋の連休は33,650～34,650円。ともに休前日1,050円増。（税・サ・入湯税込） 住 長野県松本市入山辺8967 電 0263-31-2301 食 夕食：レストラン、食事処、ダイニング・朝食：食事処、ダイニング ♨ アルカリ性単純泉（成分総計650.8mg／kg）露天風呂付き男女別大浴場各１、男女別半露天風呂各２、混浴露天風呂1 施 和室27、洋室18（露天風呂付7、半露天風呂付8） イン15：00／アウト12：00 交 電車 JR中央本線松本駅から無料シャトルバスで約30分（1日2往復） 車 長野自動車道松本ICから約40分

まずは人気の秘密をおさらい

明神館《みょうじんかん》といえば露天風呂付き客室が有名だ。バリ島のリゾートを模した露天風呂「立湯」も数々の雑誌に掲載されている。実際、私自身、取材で何度も訪ねたことがあるし、同行した編集部Yはプライベートで泊まったことがあるらしい。とはいえ、すでに数年前の話。改めて宿泊したらどんな感想を持つのか、松本へ車を走らせた。

相変わらずロケーションは素晴らしい。松本市街からたった30分なのに、ものすごい秘湯に来てしまったようだ。しかも宿は二股に分かれた渓流に挟まれた場所に建つ。つまりどの場所からも渓流が見下ろせ、せせらぎが心地良い。ところで、明神館はなぜそんなに多くの雑誌に掲載されたのだろうか。本題に入る前に、ポイントをまとめてみよう。

① ２００2年にオープンした『あせび野』『箱根吟遊《ぎんゆう》』が巻き起こした露天風呂付き客室ブーム。翌２００３年7月には明神館も露天風呂付き客室を新設してリニューアルオープン、露天風呂付き客室は大ブームに発展した。

② やはり２００３年にオープンした『二期倶楽部 東館』はデザイナーズ旅館（ホテル）ブームに火をつけたが、明神館の「立湯」もバリ島のホテルの「プール」のようで、ビジュアル的に新鮮だった。

16:30 到着

客室は大きく分けて6タイプ。「お鷹棟」の和室12室とベッドルーム12室、「山科棟」の和室６室と露天風呂付き３室、半露風呂天付き８室、「清流庵」の露天風呂付き4室。

松本ICから約40分、市街からは30分で到着。でも秘湯っぽさは十分。

到着すると係が待ち構えていた。チェックインは15:00〜だが遅めに到着

玄関を入るとこんな感じ。さらに左の扉を入るとロビーが広がる。

③料理に地産地消という言葉を取り入れるのも早く、さらに夕食を和食、フレンチ、グリル料理（当時の名称）から選べるようにするなど、〝脱旅館料理〟の先鋒だった。自家菜園を作るなどの取り組みも早かった。
④アロマルームを新館に造るなど、スパブームも先取り。
⑤デザイナーズ旅館と思われているが、実は基本設計はオーナーで、施工は地元の工務店。びっくりするほどのオーナーのセンスと先見の明に各誌の編集者がおののいた。

そして明神館ブームも一段落したと思ったら、２００７年、車で30分ほどの松本市街に、蔵を改装した食事処「ヒカリヤ」をオープンさせた。ヒカリヤは「ニシ」と「ヒガシ」に分かれていて、ニシがフレンチ、ヒガシが和食。そのニシがマクロビオティックを取り入れた「ナチュレ フレンチ」なるコンセプトを掲げて、これまた数々の雑誌に掲載されることになった。

今回の目的は、言うまでもなくこの「ナチュレ フレンチ」にある（明神館でも食べられるが、なぜか明神館では「オーガニックフレンチ」と呼んでいる）。

求む、禁煙客室！

予約したのは、リニューアル時の目玉だった新館・青龍庵３２０号室（63㎡）。ホームページを見ると５月

チェックインは客室で。お茶とそば饅頭をいただきながら、説明を受ける。

「清流庵」、320号室に宿泊。ベッドルーム（約63㎡）＋テラス・露天風呂。

洗面、シャワーの先に露天風呂。露天へはベッドルームからも出入り可。

人気の秘密は〝時代の先取り〟今度は「オーガニックフレンチ」。

残念ながら温泉は循環。渓谷沿いで、せせらぎは心地よいのだけど……。

さっそく館外の混浴露天へ。19:30〜21:30は女性専用タイム。

6日～8月7日は1名3万9500円。一休では1名3万8500円（2名7万7000円）に設定されている日もあるけれど、明神館のページからネット予約すると7％引きで3万6735円（いずれも入湯税150円別）になる。リニューアルから6年、客室はそれなりに時を重ねていた。編集部Yは以前プライベートで隣の321号室に泊まったことがあるらしいけれど「だいぶ印象が違うな」と残念そう。とはいえ、家具は無垢材のものも多いため、それほど傷みは目立たない。

それより気になったのはタバコの臭い。これは前日の客がヘビースモーカーだっただけではないだろう。あまりに臭いが残っているため、夕食の間にもう一度清掃、消臭してもらったのだけれど、染みついた臭いが消えるわけもなく、エアコンのスイッチを入れたら「ブオォー」っとタバコの臭いがまた充満。だめだ、こりゃ。求む、禁煙客室！

立湯もいいけれど混浴露天風呂がいい

客室の臭いが気になるので、夕食までの時間は温泉を楽しんだ。ここ、明神館は「立湯」が有名だけれど、個人的なオススメは渓流沿いの混浴露天風呂。立湯のようなインパクトはないけれど、くつろげるのは断然こちら（というのは私がオヤジだからか）。しかも空いている！

利用は日の出～23:00。なぜかいつも空いている。雨天時は入浴不可。

2003年に誕生した名物の立湯「雪月花」。一晩中利用できるが、循環。

18:00 夕食

「懐石料理」「モダン和食」「フレンチ」から予約時に選択。料理によって、2階料亭（食事処）、4階ダイニング「四季」、1階のフレンチダイニング、と食事場所が異なる。

「マクロビ対応ができるのはフレンチだけ」だそう。2日前までに要予約。

ワインやシャンパーニュはBIO規格など、オーガニックのもの。

お品書きを見ると立派なマクロビ献立。あれれ？フレンチじゃない？

玄米と味噌汁の登場に驚く。そして一品目。「野菜とテンペの寒天よせ」。

「椎茸のテリーヌ」。あら、美味しい！ ドリンクは三年番茶も用意。本気？

このほか風呂は露天風呂付き大浴場、寝湯と4カ所。ともに循環しているのが残念だけれど、この混浴露天風呂は他に比べて源泉注入率が高いような気がするのは気のせいだろうか……。

マクロビオティックな夕食

夕食は18時～20時の好きな時間にレストランに行けばよい。このあたりは「さすが明神館」といったところ。最近ではもっと遅くから夕食を楽しめる宿もあるけれど、こういったサービスを手掛ける宿は意外と少ない。

ところで「心と身体の健康を考えた〝マクロビオティックな食事〟のご提供をしています」とホームページには書いてあるけれど、実際のメニューは〝マクロビオティックの食事〟ではない。例えば宿泊した日の通常メニューはこんな感じだ。「ホワイトアスパラと鮎」「フォアグラの西京焼き」「平日の蒸し焼き」「馬ロースと丸茄子」等々。野菜は多いけれどマクロビオティックとはほど遠い。ということで、今回は予約時に「完全なマクロビオティックで」とお願いした。その内容は写真を見てもらうとして、感心したのは〝かなり本気〟ってこと（シェフは「クシマクロビオティックアドバイザー」の資格を持っているそうだ）。Yは「いつも食べてるクグロフと盛り付けが違うだけじゃ

長ネギとブラックオリーブのソースが印象的な「長芋のロースト」。

「白菜のブレゼ」。不思議な甘い香りの正体はトリュフ！ 優しい味わい。

「蕪」。上に乗っているのは肉ではなく、大豆ミート。素朴な味が好印象。

「黒豆豆腐の湯葉巻き」。新タマネギのピューレとふきのとうソース。

マクロビ食で宿泊できるのは日本の温泉宿でココだけでは？

ライブラリー兼談話室。ネット接続はここで。ただし速度はかなり遅い。

「蓬と豆乳のヴェールマンジェ」。甘みは甜菜糖やメープルシロップを使用。

ない？」（※クグロフとは編集部の近くのマクロビオティックの店）と不満そうだけれど、ふだんマクロビ食を実践している人やベジタリアンにはありがたいに違いない。

実は私も普段の食事はマクロビオティックなのだけれど（ただし週に一度は肉や魚をたらふく食べるし、仕事柄、白米の試食などもしょっちゅうする不真面目なタイプ）、なにしろ困るのが出張時。海外のちゃんとしたレストランではベジタリアンメニューが必ずといっていいほどあるし、ベジタリアンの店もあちこちにあるけれど、日本では有名ホテルでさえベジタリアンメニューがないこともある。マクロビオティックとなればなおさらで、ホテルや旅館にそれらを期待するのはほぼ不可能。ところが、明神館では叶うのである。これは凄い。

たしかに内容はYが「もうちょっと工夫があってもいいのでは？」と言うように、インパクトに欠けるけれど、それは〝マクロビ対応特別サービス料込み〟と考えれば十分納得できる（夕食の価格明示はないが、ヒカリヤニシのおまかせコース・1万2840円と同程度と考えた場合）。ただし……、せっかく夕食が玄米なのに、夜食のおにぎりは白米って、それはちょっと残念ではありました。

朝食も玄米菜食に対応してくれるのはさすが。並んだ和

コーヒーは2種。レギュラーコーヒーとマクロビ御用達のたんぽぽコーヒー。

水屋。下の扉には冷蔵庫がある。冷蔵庫内のドリンクはすべて有料。

部屋に戻ると夜食が用意されていた。DVDを見ながらまたも夜更かし。

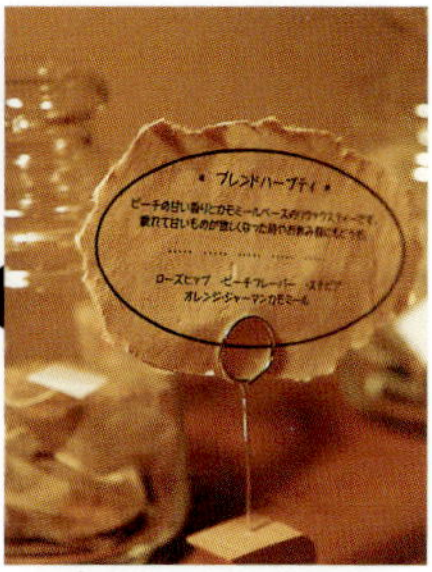

館内のあちこちに無料ドリンクが。こちらにはハーブティーとコーヒー。

7:00 翌朝

朝食は8:00～10:00。到着時に指定された場所（2階か4階）で。予約時に伝えればブランチにも変更できるそう。11:30～フレンチレストランで。

快適だったテラスは、気温の上昇とともにアブが……。自然豊富な証拠？

宿の前を流れる渓流沿いにはちょっとした散策路も。朝食前のお散歩。

朝のラウンジ。夜と違って開放感がある。ちょっとひと休み。

食膳に動物性のものは一切なし。ただし煮物を食べると、んんっ？ 甘すぎる（マクロビオティックでは原則的に砂糖を使わない）。ま、このあたりはご愛嬌ってところか。

ちょっと割高感が……

ところで、マクロビ食を実践している私にとっては〝ぜひまた来たい宿〟だけれど、一般的に考えたらどうなのだろう。同ランクと考えられる宿の価格を列記してみよう。栃木の『二期倶楽部 東館』はネット予約で3万7000円だった。料理の方向性が近い『アルカナイズ』のリバーテラススイート（55㎡）は一休のプランだと3万4000円～と安い。由布院の名宿『玉の湯』もほぼ同じような価格で泊まることができる。で、これらの宿の料理と比べてどうかと考えると、明神館はさすがに分が悪い。

露天風呂付き客室で比較しても、そのムーブメントをつくった『箱根吟遊』は3万円～だし、『あせび野』は3万円以下の客室が多い。もちろん、それらの客室より320号室は広いし、料理の質も高いけれど、料金とエリアを考えると一般的にはやっぱり分が悪いだろう。

悪くはないけれど……。それが明神館の印象。「えっ！なにコレ？」と驚くような一皿があったり、温泉がかけ流しだったり、接客が良かったりすればこの価格も「納得」

朝の方が断然気持ちいい（と思う）立湯。以前より塩素臭が少ない気が……。

寝湯「空山」。日の出～23:00。階上にはアロマルーム「なつら」がある。

露天風呂付き大浴場「白龍」。シャワー設備が一番充実。一晩中入浴可。

朝食は4階ダイニングで。外光の注ぐテラス風の席が大人気。

扉温泉　**明神館**

【長野県・扉温泉】

超私的評価

★★★☆☆

★まあ悪くないかな
★★けっこういい、悪くない
★★★かなりいいじゃない！また来たい！
★★★★もう最高！文句なし！
★★★★★これは日本有数のレベルですよ

マクロビ対応してくれる貴重な宿

家族経営規模の小さな宿以外でマクロビに対応してくれる温泉宿は、日本でもココくらいではないだろうか。そんな超私的な理由で三つ星。

■ 温泉 ★★☆☆☆

名物の「立湯」はもちろん、混浴露天風呂も最高なんだけれど……循環しているのが残念。もし源泉かけ流しだったら５つ星間違いなし。

■ 料理 ★★★☆☆

マクロビ対応が嬉しい。以前食べた和食とＹが食べたフレンチの印象は「けっこう頑張ってるなぁ」。化学調味料を使わない姿勢も素晴らしいと思う。

■ 風情＆ロケーション ★★★★☆

松本市街から近いのに秘湯のような雰囲気がいい。ただしその松本が東京から約200㎞と遠いのが難。

■ 接客＆サービス ★★☆☆☆

客室係の女性の対応は悪くはなかったけれど、予約の問い合せ時、現地でのフロントの対応に難あり。１泊３万円後半の宿と考えると、もう少しちゃんとして欲しいかな、と。

■ コストパフォーマンス ★☆☆☆☆

露天風呂付き客室はちょっと割高な気が。でも２万円台の通常客室なら★★★、冬なら★★★★。

❗ こんな人におすすめ！

料理もサービスも、館内の施設もそつなくすべてが整っているので、万人受けする。10畳の和室から露天風呂付きまで様々な客室があるので、カップル、家族、グループまであらゆる人が満足できる宿。

❗ こんな人は行ってはダメ！

「地産地消」がウリの宿。料理は素朴な山の幸が中心。「ホンマグロやカニ、エビ、高級霜降り牛など高級食材じゃないといや」という人は向いていない。温泉がかけ流しじゃないとダメ、という人もNG。

朝食は和食のみ。クレソンのおひたしや野菜の炊き合わせ、納豆など。

りんごジュースを飲みながら気が付いた。「前はココ、テラスだった！」。

なのだけれど……。しかも最近、「いくらなんでも割高だ」と思っていた、近年ニューオープンした高級旅館の実質値下げが相次いでいる。となると、明神館の３万６７３５円はやっぱり高く感じる（正規料金だとなおさら）。

でも通常客室ならば話は違ってくる。和室10畳＋リビングで２万６０００円（ベッドタイプは２万８５００円）。これなら値頃感もあるし、〝マクロビオティックな料理〟も引き立つ。「どうしても露天風呂付き客室！」という人以外は、通常客室で十分だろうし、そのほうがグッと満足度も上がるだろう。

チェックアウトはフロントで。車は係の人が玄関までつけてくれる。

ショップでお土産を物色。自家製パンやグッズ、自然派コスメなどを販売。

全室100㎡スイート 全国有数の高級宿。

有馬山叢《ありまさんそう》 御所別墅《ごしょべっしょ》

【兵庫県・有馬温泉】

名湯・有馬温泉の人気宿「御所坊」別館としてオープンした高級宿。２人で10万円を超える宿泊料金は、高いのか？ 妥当なのか？ 徹底調査。

１泊２食 **53,150円～**

2009年８月１日（土曜）に平屋タイプ「Ⅳ」に２名で宿泊。全室サーマルルーム（岩盤浴）付きで、100㎡のスイート。メゾネットタイプと平屋タイプがある。ネットでの割引プラン等は基本的にないようで、１泊２食53,150円の正規料金で宿泊。繁忙期は10,000円増。姉妹館『御所坊』の食事処「閑」で和食を食べるプランもある（同料金）。ルームチャージは１室79,050円（素泊まり）。（税・サ・入湯税込）住 兵庫県神戸市北区有馬町958 電 078-904-0554 食 夕食・朝食：レストラン ♨ 含鉄・ナトリウム-塩化物強塩高温泉（成分総計28,500㎎／㎏）、男女別大浴場各１ 施 スイートルーム10室（全BT付） イン15:00（～19:30）／アウト12:00 交 電車 神戸電鉄有馬温泉駅から徒歩15分。無料送迎有 車 中国自動車道西宮北ICから約20分

価格が高いのは〝地価〟のため

神戸の中心地、三宮から直線距離で13㎞。電車でたった30分。有馬温泉は「東京の箱根、関西の有馬」と比較されることが多いが、実際には箱根よりはるかに市街地に近い。箱根は新宿から直線距離で76㎞、小田急線の特急ロマンスカーを使っても1時間30分近くかかる。直線距離で13㎞というと、小田急線ならば向ヶ丘遊園、京王線なら調布、中央線なら武蔵小金井。そんな場所に、源泉温度98度という高温の湯が湧いている。しかも、成分の濃さの目安になる成分総計は２万８５００㎎/㎏（御所泉源）ととんでもない数字。舐めれば海水より塩辛く、湯はどろっとした感触があるほど赤茶色に濁っている。日本三名泉であり日本三古湯、日本三大薬湯にも数えられる有馬温泉は、そんな、東京では信じられないほどの都市近郊にあるのだ。

なぜ「近さ」について触れたのかといえば、それは、近さ故に「宿泊料金が高い」という問題を抱えているから。

２００９年の公示地価によれば有馬温泉にある標準値は1㎡16万９０００円。箱根のとある標準値は10万６０００円（ともに商業地）。つまり、宿泊料金の相場は、箱根よりも高いと考えていい。

実際に、有馬の温泉旅館の宿泊料金を調べてみると、つ

15:30 到着

主要駅からJR 高速バスが発着。山陽新幹線新神戸駅から約50分、JR三宮駅から約30分、大阪・新大阪駅から約1時間。宿から空港や主要駅への送迎は有料、要予約。

今回は車で訪問。姉妹館『御所坊』で荷物を降ろし迎えを待つ。

御所坊から御所別墅へはロンドンタクシーで。徒歩でも行ける距離。

有馬温泉街よりちょっと上った別荘地に。関西財閥の別荘跡地だそう。

まらない鉄筋コンクリート造の旅館が2万円台後半で、露天風呂付き客室というだけで3万円台後半だったりする。伊豆、箱根も高いけれど、有馬はもっと高い。箱根の３割り増し、一般的な温泉地と比べると5割は高く感じる。だから、自遊人の関西担当記者がいつも言っている。

「有馬でいいのはお湯だけだから、日帰りで十分」

とはいっても、関西以外に住んでいる者にとって、一度は有馬に泊まって、あの金泉にゆったり浸かってみたい（赤茶に濁ったお湯のことを有馬では「金泉」と呼ぶ）。神戸のホテルに泊まって日帰り入浴では味気ないのだ。

でも、９割方が精算時に感じるだろう。

「うぁ、高いなぁ」

実際、『御所別墅《ごしょべっしょ》』の宿泊料金は目の玉が飛び出るほど高い。御所別墅のセールスポイントは、まず第一に敷地面積と客室の広さ。１４００坪という有馬では贅沢な敷地に、全室１００㎡の離れが10棟。この室料がおおよそ1泊8万円前後（１泊２食で１人５万３１５０～）。この金額をどう見るかで、御所別墅の満足度は大きく変わってくる。宿泊料金のうち３～４割は地代と思った方がいいわけだけれど、それを納得できるかどうか……。

大都市近郊でこの環境は凄い

敷地は川沿いに約1,400坪。客室棟、ロビー・レストラン棟、温泉棟がある。

まずはロビー・レストラン棟へ。写真の右が玄関、左がレストランだ。

右の写真の反対側はこんな感じ。ソファに座ってチェックイン。

ウエルカムスイーツ＆お茶もロビーで。食事の案内や相談もこちらで。

神戸の市街地からたった13km。これが最大の魅力であり問題点。

館内の案内を受けつつ客室へ。個室が並ぶ貸切レストラン棟を通過。

客室はメゾネットと平屋タイプの２種。メゾネットは階段下の渓流沿いに。

さて、そんな御所別墅は、温泉街の細い坂道を上がった、別荘や保養所が点在する地域に建っている。車で行くにはちょっと嫌な場所なのだけれど、「御所坊から送迎いたします」とのこと。それはありがたいと、温泉街の入り口に建つ本館の『御所坊《ごしょぼう》』に車を付けた。

「いらっしゃいませ」

御所別墅に泊まりと告げ、すぐ横の待合室で待つこと約3分、送迎車のロンドンタクシーがやってきた。係がささっと荷物を運び、私たちを案内する。

「お荷物はお部屋に運んでよろしいでしょうか」

このあたりはさすが手際がいい。そして狭い坂道を上がり、御所別墅に到着。オープンから1年半。庭の木々も落ち着き、いい雰囲気を醸し出している。箱型鉄筋旅館が多い有馬では極めて贅沢。周囲には大きな建物が建ってはいるものの、敷地に足を踏み入れると、それらはほとんど見えないよう工夫されている。しかも宿は傾斜地に建ち、その先は渓流。ちょっとした秘湯気分を味わえる。

「たしかに、向ヶ丘遊園から調布辺りの、多摩丘陵にこの宿があったら感動的ですよね」と同行した編集部Y。正直な話、全国の温泉地と比較すればたいした環境ではないのだけれど、大都市近郊でこの環境というのは凄い。

今回の宿泊は平屋タイプの「Ⅵ」。100㎡という空間は、ただ、ただ、広い。

寝室とリビングルームに分かれ、天井が高く開放的。液晶テレビを各々に配置。

リビングルームにはLAN接続しているパソコンとプリンターが用意。

バスローブ、ナイトウェアなどはオリジナル。大浴場にもタオルが用意。

サーマルルーム。人間の体温とほぼ同じ温度に保たれた岩盤浴空間。

洗面所兼脱衣所も広々。ドライヤーやAV機器はアマダナで統一。

水屋。コーヒーやお茶、ミネラルウオーターは無料。冷蔵庫の中は有料。

サーマルルームってそんなに欲しい？

チェックインはメインロビーで。天井の高い平屋の大空間。ヨーロッパの古城をイメージした、とでもいうのだろうか。さらに御所別墅の家具はすべて統一されている。鍛鉄作家と木工作家のコラボレーション作品。それ以外の家具がないところから拝察すると、よほど主はこの作家が気に入っているのだろう。

ただし、その空間が快適かというと正直微妙だったりする。広すぎて落ち着かないのだ。椅子もそれほど座り心地がいいわけではない（最近、オリジナル家具を製作する宿が増えているけれど、座り心地は名作家具と比べるとやっぱり劣るような気がする）。その印象は客室も同じだった。ロビーと同じく吹き抜けの天井は異様に高く、空間はただただ、広い。そこにロビーと同じ家具が置かれている。

「なんか、雑誌に載っている写真と雰囲気が違いますね。雑誌では暗いから重厚感が出ているけれど……」

人間の目は材質を直感的に見破ってしまう。広さを優先するか、質を優先するか。おそらく……目指す空間の質は高かったのだろうが、予算の都合上、前者を優先した、ということだろう。

もちろん、決して居心地が悪いわけではない。なにしろ

右がロビー・フロント棟、左は温泉棟（エステ併設）、奥は平屋タイプの客室。

16:30 温泉へ

男女別の大浴場が1つずつ。「有馬山叢陶泉」15:00〜24:00、6:00〜12:00。御所泉源、妬泉源、2つの金泉をブレンドし輸送。いずれも含鉄・ナトリウム-塩化物強塩高温泉。

テラスもある。ちなみに「100㎡」はテラスを含まない数字なんだそう。

アメニティは「可能な限り環境に配慮した良い品を用意しています」。

客室の広さを最優先するなら満足度はどの宿より高いかも。

有馬は新源泉の掘削は禁止。そのため従来の源泉を利用。わずかに循環。

右の温泉棟入り口を入ると、冷えたミネラルウォーターが。無料サービス。

平屋で100㎡もある。で、思いだした。関西在住の友人が「自分の家より狭いなんて考えられへん。旅行に行ったら広い部屋やないと」と言っていたっけ。もしかするとこれは、関東、関西の嗜好の違いなのかもしれない。ところで、客室には〝サーマルルーム〟なるものが付いている。要は岩盤浴で、御所別墅自慢の客室施設なのだけれど、岩盤浴って部屋に付いていてそんなに嬉しいんだろうか……。

温泉は〝濃いけれど薄い〟

有馬に来たら、やっぱりサーマルルームより「金泉」だ。浴室棟はロビー棟の向かいにあって、男女別の内湯がひとつずつ。御所泉源と妬《うわなり》泉源から温泉をタンクローリーで運んでいるという。

「なんか濃いんだけど薄いですね」

Yが言う。私も同感。他の温泉地だったら、「なんて成分の濃い温泉なんだろう！」と感激すること間違いなしなのだけれど、有馬だと思うと「薄い」。フロントでそのことを告げると「御所坊のお風呂もご利用いただけますので、ぜひ」とのこと、食事後に訪ねることにしよう。

期待しすぎると……

今回、御所別墅を訪れた最大の目的が「山家南蛮料理」と名付けられたフレンチ。数々の雑誌によれば、それは美

浴槽は「明治以前の有馬の湯殿のサイズを復元しました」。洗い場もある。

19:00 夕食

スタンダードなのは「山家南蛮料理」。説明によると「有馬出身のフレンチシェフが近郊のこだわり野菜を使って最新の調理器具や技法を用いて作った新感覚の料理です」。

レストランはカウンター式（個室はテーブル席）。夕食は17:00〜19:00LO。

ソムリエが常駐。フロント後ろに控えるセラーにはン10万のボトルも……。

前菜。有馬のニジマス、須磨のアサリなど。カウンター式だがキッチンは別。

明石海峡のショウサイフグと有馬の地野菜が主役の一皿。涼やかな感じ。

かぼちゃのスープ。自家製パンも登場。オリーブオイル、塩を添えて。

味しい新感覚のフレンチらしい。コンセプトが似ていることから、伊豆の『アルカナイズ』と比較されることも多く、かなり期待できる。

で、その味はというと……「ちょっと期待しすぎた」というのが正直な感想。

「どれも美味しいんですけれど、食べ終わって〝あれがもう一度食べたい！〟っていう、印象に残る一皿がないんですよね」とＹ。とはいえ夕食は１万２６００円だ（今回は１泊２食で宿泊したけれど）。価格を考えると平均点以上であることは間違いない。それなりに工夫されているし、それなりに美味しい。つまり期待しすぎると〝フツー〟に感じてしまうということだ。

ちなみに、アルカナイズと比較するならば、アルカナイズが上だと思う（ただし最近、料理長が変わった）。

男を試す〝有馬プレミアム〟

さて、もう紙幅がない。御所別墅に泊まって満足度が高いと思われるのはどんな人か。それは関西在住で、「遠くの温泉に行きたいけれど時間がない」「神戸のホテルでは人目が気になる」といった人達だろう。しかもかなり財布に余裕がなければ、この有馬プレミアムは許容できないのではないだろうか。〝有馬で離れで１００㎡〟という不動

この日の魚料理は明石のヒラメ。夕食は和食も選択可。御所坊の食事処で。

肉料理に続き、デザートが。レストランは外来利用OK。夜12,600円〜。

食後のコーヒー・紅茶と一緒に小さなお菓子〝ミニャルディーズ〟が。

レストランの外にはこんなテラス。ワインやコーヒーを楽しんでもよい。

有馬山叢 御所別墅
【兵庫県・有馬温泉】

超私的評価

★★☆☆☆

★ まあ悪くないかな
★★ けっこういい、悪くない
★★★ かなりいいじゃない！また来たい！
★★★★ もう最高！文句なし！
★★★★★ これは日本有数のレベルですよ

割高なのは仕方ないか……

神戸の中心地からたった13kmの地に全室離れの宿を作ったのだから（しかも傾斜地）、割高なのは仕方ない。東京の多摩地区にあったなら、「高いなぁ」と言いながらも「けっこういい雰囲気じゃん」と思うだろう。

■ 温泉 ★★☆☆☆

有馬の金泉は★★★★★だけど、ちょっと薄い。

■ 料理 ★★☆☆☆

夕食は12,600円也。料金を考えると「けっこう悪くない」感じ。ただし過大な期待は禁物。

■ 風情&ロケーション ★★★☆☆

敷地1400坪を広いとみるか、狭いとみるか。離れの温泉宿としては狭い。でも有馬ではかなり贅沢。周辺環境も有馬では抜群にいい。

■ 接客&サービス ★★★☆☆

フロントは決して悪くないのだけれど……掃除のスタッフ等にちょっと問題ありだと思う。

■ コストパフォーマンス ★☆☆☆☆

有馬でなければ☆ナシ。有馬だから「まぁ悪くないかな」という感じ。箱根と比べても2～3割は高く感じる。ただし100m²という広さに価値を感じる人なら★★★か★★★★かも。

! こんな人におすすめ！

関西在住で「温泉に行きたいけれど時間がない」という人や「リフレッシュしたいけれど神戸のホテルでは人目が気になる」という芸能人などにおすすめ。「宿は客室の広さが最重要」という人、岩盤浴好きにもいい選択肢かもしれない。

! こんな人は行ってはダメ！

コツコツ貯金し「一生に一度の記念に」という人には向かないと思う。風呂は〝金泉〟だが入浴感が薄いので、温泉ファンの有馬入湯記念旅行にも今ひとつ。建築やデザイン好きもあまり興味をそそられないだろう。

9:00 翌朝

御所坊の金泉パワーに圧倒されつつ就寝。DVDやCDの貸し出しもあるのだけれどピンとくる銘柄がなかったので今回はパス。朝食は同レストランで8:00～9:00LO。

宿泊者は御所坊の風呂も利用できる！ 濃厚な金泉を堪能。送迎あり。

産価値を理解できるかどうかが、満足度に大きく影響することは間違いないからだ。

当然ながら、関東からわざわざ行くとなると、ちょっと微妙。人によって価値観は違うけれど、私だったら有馬の泉質も温泉街の雰囲気も満喫できる、本館の御所坊を選んでしまう。

ちなみにYはこう言った。

「男性が連れてきてくれるなら、女性は満足するんじゃないですか?」

有馬プレミアムは男性の度量を試すということか……。

フロントでチェックアウト。後ろに見えるのが自慢のワインセラー。

朝食も洋食（和食を希望の場合は御所坊で）。温泉卵が人気のよう。

外資系ホテルが作った〝温泉宿〟。

ハイアット リージェンシー 箱根 リゾート&スパ

【神奈川県・箱根温泉郷】

世界的ホテルチェーン「ハイアット」が運営する温泉宿。人気の秘密は、現代人のニーズにマッチした様々なサービスだというが……。

１泊２食 **29,800円～**

2009年５月30日（土曜）、ツインルームに大人２名で宿泊。ネット限定「土日直前特別レート」を利用し、１泊朝食43,900円（２名）。通常のルームチャージは51,200円（休前日）。同時期の最も安いプランは１泊朝食30,000円（２名）。（税・サ・入湯税込）。ホテル到着後「ハイアットゴールドパスポート」を提示。この日はたまたまデラックスツインに無料アップグレード。料金は期間、空室状況により細かく変動。住 神奈川県足柄下郡箱根町強羅1320 電 0460-82-2000（代） 食 夕食・朝食：レストラン ♨ 酸性-カルシウム・マグネシウム-硫酸塩・塩化物泉（成分総計1,226mg／kg）、男女別大浴場各１ 施 和洋室12、洋室67（全BT付） 🕓 イン15:00／アウト12:00 交 (電車) 東海道新幹線・小田急線小田原駅から送迎約40分 (車) 東名高速道路御殿場ICから約40分

地の利を活かしたプランが人気

　2006年12月にオープンした『ハイアット リージェンシー 箱根 リゾート&スパ』。ハイアット国内初のスパリゾートホテルであり、その時代に即したサービスに注目が集まった。旅館とホテルの融合、泊食分離、充実したルームサービス……。とくに箱根という地の利を活かし、小田原駅からの送迎付きで、19時以降にチェックインするプラン「ナイト アライバル」が人気沸騰。東京駅20時56分発の新幹線に乗れば、21時50分発のホテルの最終送迎バスに接続。しかも2泊3日2朝食1夕食付きで8万4920円～（2名料金）という絶妙な料金設定が人気を呼んだ。さらにチェックインが朝10時で、昼、夜、朝食付きプランの「モーニング アライバル」などをリリース。ついに2009年5月からは小田原駅から無料の往復送迎シャトルバスを運行開始。プラン利用者でなくても小田原駅から気軽にアクセスできるようになった。

　もともと箱根湯本駅から箱根登山鉄道を利用すれば、終点強羅駅から送迎5分と立地は抜群。さらにこれだけアクセスを補完すれば、人気が出るのも当然といえば当然だろう。一気に箱根の人気宿となり、多数の旅行業関係者から注目を集めるようになった。

16:00 到着

東名高速道路御殿場ICから約40分で強羅へ。東海道新幹線小田原駅からの無料シャトルバスを利用しても便利。箱根登山鉄道強羅駅からは送迎バスまたはタクシー５分。

今回は小田原厚木道路小田原西ICを利用。ICから１時間弱で強羅に到着。

「スーパーポテト」という著名なデザイン事務所がインテリアを担当。

チェックイン。ホテルライクじゃなく、ホテルの接客。スマート。

“ネットだと安い”はやめてほしい

となれば、今回の覆面取材でも電車利用が理想的なのだけれど……車で訪ねることにした。うっかり前日まで送迎バスの予約をしていなかったのだ。問い合わせると、往復とも1席しか空席がないという。しまった。やはり送迎は人気のようだ。ということで、結局は時間の融通が利く車で、ということになった。

宿泊は1泊朝食で予約。宿泊プランは豊富だけど、「ナイトアライバル」や「モーニングアライバル」などを利用しないのであれば、1泊朝食+夕食の方が自由度が利いていい。予約したのはスタンダードなツインルーム56㎡。いろいろ調べると、通常5万1200円の客室が一休の直前プランだと4万3900円とある（いずれに入湯税2名分を追加した料金。ネット上では入湯税は別表示）。

ハイアット リージェンシー 箱根に電話をしてどのプランで申し込むといちばん安いのか聞いてみると

「今なら一休さんの直前プランがいちばんだと思います」

これは親切な対応だ。いつも思うのだけれど、最近はどの宿も宿泊プランが複雑になりすぎ。さらにサイトによって価格もまちまちなことが多く……調べるのが煩雑な上、「本当はいくらなの？」「オレってぼられてない？」と不安

館内の説明を受けながら、客室へ。56㎡の「ツインルーム」を予約。

あれれ？ 広いぞ？ 73㎡の「デラックスツインルーム」に案内。

「ゴールドパスポート」で無料アップグレードに！ 運が良かったらしい。

地の利を活かしたプランが次々と。小田原駅からの無料送迎も人気。

客室は9タイプ（56～93㎡、平均68㎡）、全79室。犬と泊まれる部屋も。

になってくる。というより宿に不信感が募る。最近は通年同一料金や、ネットも電話も一律料金の宿に人気が集まっているけれど、本当にそうだと思う。今どき、誰だって「一休」と「楽天」と「じゃらん」と、その宿の自社サイトの料金くらいは比較する。むしろ各サイトで料金やプラン名が違えば違うほど、宿の信用力は低下すると思うのだ。

その点、ハイアットの対応はとても好感が持てる。欲を言えば、割安プランを作るなら電話でも受け付けてほしいということか。もはや「自社サイトでおおやけにするとブランド力が失墜する」なんて時代じゃないと思うので。

ハイアットに期待しすぎると……

ハイアット リージェンシー 箱根は強羅の保養所やマンションが並ぶ地域に建っている。敷地は約5951㎡。そう聞くと広そうに感じるけれど、79室のホテルを建てるには少々敷地が足りないようだ。客室からもレストランからも、見えるのは隣の敷地。まぁ地代の高い箱根だから、仕方ないところだけれど、ちょっと興ざめ感は否めない。

そして館内も、正直なところ「ハイアット国内初の！」というほどのものではない。ロビー等のパブリックスペースは「スーパーポテト」の杉本貴志さんという、それは有名なインテリアデザイナーが手掛けたそうだけれど（美大

広い洗面台の背後にバスルーム。洗い場と浴槽が独立したタイプ。日本的。

洗面台脇に並ぶアメニティ群。左写真のシャンプーなどはバスルームに。

アメニティ好きの女性には物足らない感じ？ 男には理解できないけど。

広いウオークインクローゼットにオリジナルの浴衣などが用意。

瓶ビールなど。冷蔵庫の中は有料。自分で入れるお茶、コーヒーは無料。

17:00
散策

敷地面積 5,951 ㎡。建物は東館・西館・北館に分かれ、宿泊した客室は東館に。レセプション、ラウンジ、レストランは北館、スパは西館に。北館はツインルームが中心。

東館・西館と北館の間には中庭。右のガラス張り部分がラウンジ。

ラウンジ「リビングルーム」。16:00〜19:00はドリンク類を無料サービス。

に行っていたので、学生時代、けっこう憧れでした。って、調べたら今は母校の教授だそうな）、「さすが！」と唸るレベルのものでもない。どうやらお金はそんなにかけられなかった事情がありそうだ。このホテルは、ハイアットがハイアットのために建てたものではない。他のホテルとして開業したものを、モルガン・スタンレー不動産ファンドが買い取って、ハイアットインターナショナルが運営しているという形（2010年3月にオーナーチェンジ）。ということもあって……編集部Yが言う。

「悪くはないんですけれど、〝日本初のハイアットのリゾート〟と思って来ると、ちょっとがっかりしちゃうかも」

つまりハイアットに過大な期待をかけ過ぎちゃいけないってこと。日本では『パーク ハイアット 東京』と『グランド ハイアット 東京』の印象があまりにいいため、残念といえば残念だけど……。

客室も広いは広いのだけれど、今ひとつピリッとしない感じ。広けりゃいいってもんじゃない。とはいえ、ルームサービスメニューなどを見ると「さすがハイアット」という内容だったりする。時間こそ7時30分〜22時30分LOと24時間ではないものの、メニューはかなり気が利いている。

空間は今ひとつだけど、箱根でこれだけのホスピタリテ

フロント脇にはコンシェルジュデスクが。箱根の観光資料も豊富に用意。

大浴場は温泉。酸性-カルシウム・マグネシウム-硫酸塩・塩化物泉。循環。

20:00
夕食

夕食は「ダイニングルーム」で。17:00〜21:00LO。食事付きプラン、土曜泊はフレンチor鮨コースの選択。土曜・特定日以外のルームチャージではアラカルトも選べる。

予約時に「野菜料理中心で」「化学調味料が苦手」とオーダーし、相談。

やっぱり「さすがはハイアット」。しかも宿泊料金はリーズナブル。

10,000円のコースを野菜中心にアレンジしてもらった。事前に電話で相談。

化学調味料不使用の「ヴェジタブルスープ」。けっこう美味しいです。

ィを持った宿がほかにあるのか？　と聞かれると「ない」。つまり施設以外は、やっぱり「さすがハイアット」なのだ。

高いコストパフォーマンス

夕食は「野菜料理のみで」と頼んでみたのだけれど、基本的にはできないそうで、「野菜料理中心で」ということに。

この事前の電話でのやりとりも「さすがハイアット」という感じだった。レセプションもレストランもバーも、スタッフの接客は「ハイアット」。そして料理もやっぱり「ハイアット」だった。

「箱根って、いいレストランが意外とないじゃないですか。この料理が1万円だったら悪くないですよね」

泊食分離のレストランとしても十分なコストパフォーマンス。当然ながら箱根で同価格帯の高級旅館の食事と比べたら……それは雲泥の差だ。

「今回って1泊2食で計算すると、1人、3万3000円くらいじゃないですか。しかも土曜日泊。そう考えると箱根基準ではかなり安いですよね」

その通り。ハイアット リージェンシー 箱根の魅力は、利便性とコストパフォーマンスにある（と思う）。平日であれば1泊2食2万6000円程度（今回宿泊した時期のプロモーション料金）、ハイシーズンでも4万5000円

サーモンマリネ。フレンチは10,000円と13,000円（サ別）のコースを用意。

ホタテとクルマエビのソテー、スチームベジタブルと続き、終了。

デザートは気分を変え、ラウンジへ。ラウンジは2007年から全面禁煙に。

7:00
翌朝

館内のすべての施設を浴衣で利用できるのも特徴。食事後、DVDソフト（1本525円）をレンタルし、就寝。ルームサービスは7:30～22:30LO。7:30～11:00は朝食メニュー。

客室からLANケーブルでネット接続。1分42円、最大1,575円（24時間）。

ライトアップされた中庭を眺めながら一杯。分煙されてたら最高なのに。

22:30頃、食事終了。レストラン横にあるバーへ。20:00～23:30LO。

程度だから、これはかなりお手頃な料金設定だろう（箱根と考えれば、だけど）。コストパフォーマンスという点で考えれば、ラウンジでは16時～19時と朝7時～10時はフリードリンク。その時間のラウンジは常に人でいっぱいだ。

「交通費がかかりませんし。しかも小田原から送迎付きなら絶対に安いですよ」

忙しい人にオススメの宿

ところで、これだけハイアット リージェンシー 箱根に人気が出るのだから、他の宿も真似をすればいいのに、と思うのだけれど、ライバルは現れそうでいて、なかなか現れない。レイトチェックインはごく少数の宿しかやっていないし、小田原駅の無料送迎をしているのは『ザ・プリンス箱根』くらい。箱根には数多くの高級旅館があるけれど、地の利に安住するだけで、それを活かしている宿はほとんどないのだ。

さて、「もう一度泊まりたいか」と聞かれれば、もちろん「ＹＥＳ」。なにしろ箱根には〝手頃な料金でのんびりできるいい宿〟が少ない。でもＹは言う。

「近くに箱根千代田荘っていう立派な千代田区の宿があるんですけどね、区民は素泊まり７０００円なんですよ。食事はちょっといまいちですけどね（笑）。でも千代田荘に

和洋から選択。ラウンジではソフトドリンクサービス（7:00～10:00）が。

コーヒー（パスポート特典）と新聞の配達で起床。朝食へ。7:30～10:30。

大浴場は男女別に1つずつ。6:00〜24:00。105㎡と134㎡と、広さが自慢。

スパ「IZUMI」は西館2階に。8:00〜21:00。ビジター利用も受け入れ。

泊まってハイアットのレストランを利用すれば、1泊2万円でお釣りが来るわけですよ」

公共の宿との比較はまぁ、なんだけど、実際、周囲には保養所が建ち並んでいる。「あっ、そういえば、うちの会社の立派な保養所も強羅にあった」……なんて人も多いに違いない。

ハイアット リージェンシー 箱根の魅力はやっぱりレイトインなどの時間の融通と小田原からの送迎、そしてレストランにある。泊まるのならば、それらを絶対に利用するべきだろう。

チェックアウトは12:00。箱根としてはリーズナブルな料金だと思う。

スパの隣にあるギャラリー。9:00〜20:00。オリジナルグッズなどを販売。

ハイアット リージェンシー 箱根リゾート&スパ

【神奈川県・箱根温泉郷】

超私的評価

★★★☆☆

★まあ悪くないかな
★★けっこういい、悪くない
★★★かなりいいじゃない！また来たい！
★★★★もう最高！文句なし！
★★★★★これは日本有数のレベルですよ

箱根ではキラリと光る存在

箱根には〝価格だけ高級旅館〟という宿が多いため、とくにキラリと光る存在。周辺環境や建物、インテリア等にはさほど特徴はないけれど、その分、価格設定はリーズナブル。忙しい人ほど利用価値が高く、満足度も高いと思う。

■温泉 ★☆☆☆☆

浴室は広くて快適なのだけれど温泉は循環。とはいえ、白く濁る日もあるようだ（蒸気泉だけど）。

■料理 ★★★☆☆

ハイアットらしく、それなりの基準をクリアした味。夜のコース10,000円（サ別）は外来で利用しても、それなりに満足できるはず（外来は混雑時不可）。

■風情&ロケーション ★★★☆☆

風情と周辺環境は★か☆ナシに近いけれど、東京から近いという箱根のロケーションに★★★。

■接客&サービス ★★★☆☆

ハイアットらしい「けっこういい感じ」の接客。ただし少々慣れていないスタッフが多いか、と。

■コストパフォーマンス ★★★☆☆

箱根ということを考えると、かなりおすすめ。小田原駅から送迎付きの「ナイトアライバル」プランはかなり利用価値があると思う。

！こんな人におすすめ！

とにかく忙しい人に。「ナイトアライバル」プランで1.5泊をゆったり過ごせば、心も身体も解き放たれる。1名利用も可能で、これまたリーズナブルな設定。

！こんな人は行ってはダメ！

ハイアット＝「別世界へ誘ってくれる」という過剰な期待は禁物。世界各国、ハイアットといっても様々なのだから。源泉かけ流しにこだわる人や、「高級旅館には露天風呂が付いていなければいけない」と思っている人も行ってはいけない。

温泉なんていらない、心からそう思う一軒。

俵屋旅館

【京都府・中京区】

「本当にいいんだろうか」となんとなく足が遠のいていた、日本屈指の名門旅館。泊まってびっくり、大後悔の覆面訪問記を、お楽しみ下さい。

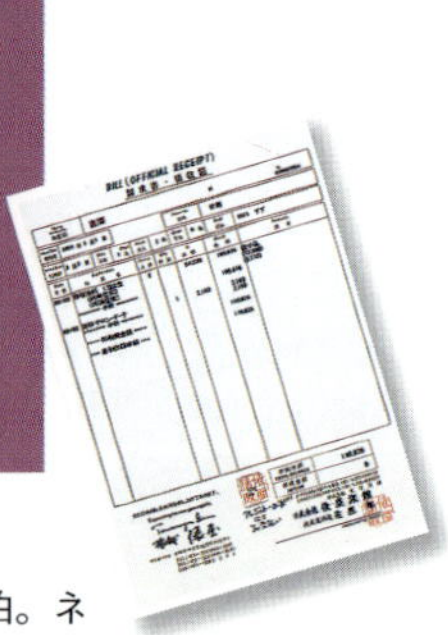

1泊2食　**42,263円～**

2009年８月２日（日曜）に新館和室「松籟」に大人２名で宿泊。ネットでの割引プラン等はないようで、１泊２食54,338円の正規料金で宿泊。休前日も同料金。（税・サ込）住 京都府京都市中京区麩屋町姉小路上ル中白山町278 電 075-211-5566 食 夕食・朝食：客室 ♨ 温泉ではない 施 本館和室10、新館和室８（全BT付）🕓 イン14:00／アウト11:00 交 電車 JR京都駅からタクシーで10分 車 名神高速道路京都東ICから国道１号を経由し約20分

あまのじゃくなもので……

多くの人から聞いていた。「俵屋はいい」「あそこは本当にいい」と。でもあまのじゃくな性格だから、聞けば聞くほど〝本当にいいんだろうか〟と思ってしまったりする。

もちろん、これだけ有名な宿だから、本当はとっくに泊まっていておかしくない。というより、仕事柄、泊まるべきだ（同じことを何人もの人から言われていた）。でも、俵屋だけは足が向かなかった。

なぜか。誤解を恐れずに言えば、それは取材対応がつれなかったからだ。今回だけでなく、過去に何回も俵屋には取材を申し込んだことがあるのだけれど、これがなかなか厳しい。料理も館内もなかなか撮影させてもらえない。「お客様にご迷惑がかかるので」という理由はわからないでもないけれど、その対応からちょっと高飛車な、そして京都の排他的なイメージを抱いていたのだ。だから、プライベートで俵屋に泊まるのは「うーむ」、というのが本音だった。なにしろ1人5万円強もするのだから。

もしかして食わず嫌い？

「びっくりするほど対応が良かったんですけれど！」

こっちがびっくりするほどの大声で、編集部Yが興奮気味に言った。

14:30 到着

「14:00以降でしたらいつでもお部屋は準備できてますので……」との案内。一番便利なのは地下鉄烏丸線烏丸御池駅。徒歩10分。京都の町の中心地に建つ。

到着を伝えてないのにどこからか下足番、男性スタッフが登場。超能力？

宝永年間（1704～1711年）創業。維新後は伊藤博文や木戸孝允も宿泊。

あっという間に客室へと案内。まずは蕨餅（美味しい！）とお茶で一息。

記帳は客室で。若い男性スタッフが荷物をささっと運び入れてくれる。

「８畳の和室と３畳の控えが付いたお部屋です」と案内された客室「松籟」。

木造２階建ての本館と鉄筋造３階建ての新館が。新館は吉村順三設計。

「なにが？」

「俵屋ですよ。俵屋！　取材の時とはまったく違います！」

取材時と対応が違う宿はいくらでもあるけれど、それは〝取材時だけ対応がいい〟宿。俵屋はその逆だった。

「予約時の対応はどんな高級旅館より完璧です。凄い宿かもしれませんよ」

もしかして、これって、とんでもない食わず嫌い？　そう感じた瞬間だった。

宿に到着すると、その予感はすぐに確信へと変わっていった。到着と同時に、さささっと、本当に風のように颯爽と荷物を運び、対応してくれる男衆。今や、こんな下足番のいる宿って貴重だよなぁ、と感心すれば、部屋にやってきた仲居さんはこれまた美人で品が良く……。しかも、嫌みがなくて自然体。すこぶる居心地がいい。老舗にありがちな、丁寧なんだけど〝うちは高級旅館ですから！〟的な鼻につく感じもまったくないのだ。想像上の俵屋とは大違い。宿に着いて20分も経たないうちに、「ごめんなさい、俵屋さん」と心の中で謝るのと同時に、なんでもっと早く来なかったんだ、と後悔したのだった。

吉村順三＋中村外二

さらに恥ずかしい話だけど、俵屋の建築やしつらいにつ

接客も、居心地も……
想像上の俵屋とは大違い。

アメニティはオリジナル。ギャラリーで購入も可。石けん６個入り1,365円。

高野槙の浴槽に浸かると視線の先に庭。温泉ではない。なぜいつも適温？

こちらは新館１階。庭に直接出られる造り。ちなみに本館は登録文化財。

図書室は一度座ったら根っこが……。書棚の本も上質。素敵な空間。

15:30
館内散策

客室は１階８室、２階８室、３階１室という配置。１階にギャラリー（ショップ）、ラウンジ、図書室、茶室、２階には「アーネスト・スタディ」が。パブリックスペースが充実。

いてはまったく勉強不足だった（つまり宿に興味がなかった）。ところが……。客室に入って5分もしないうちに、あまりの居心地の良さに、「それがなぜか」を考え始めた。

客室は8畳しかない。次の間は3畳。決して広いわけではない。というより、むしろ狭い。なのにまったく狭く感じないだけでなく、快適なのはなぜだろう。

庭を望む大きなガラス戸のため？　材がいいため？　塵ひとつない清潔感のため？　どれもたしかにそうだけれど、それだけではない。この部屋には間延びした空間がまったくないのだ。だから空気もピンと張り詰めている。

さらに風呂に入って驚いた。視覚的にはそれはそれは狭くて貧相な風呂なのだけれど、湯船に浸かると驚くほど開放感がある。どこぞの宿に作られた、ベランダの露天風呂より、はるかに良かったりする（よっぽど狭いのに）。

「この宿、凄いぞ」とひとりごちていると、向こうの方でYの声が聞こえた。

「吉村順三って、有名な人ですよね」

「有名だけど、なに？」

「この本に、吉村順三設計って書いてあります。あ、手掛けたのは中村外二工務店ですって。この名前は私だって知ってます。数寄屋の名工ですよね」

川床料理でも有名な鴨川まで徒歩10分。祇園まではさらに歩いて10分。

16:00 散策

京都御所、二条城、錦市場、平安神宮、円山公園、本能寺……と周辺には京都の観光名所がズラリ。宿でのんびりしたい気持ちもあったが、お散歩がてらプチ京都観光へ。

印象的な「坪庭」。玄関を入ってすぐの場所。四季折々、様々な顔に。

廊下に突然現れる小空間（休憩スペース？）。庭を愛でつつのんびり。

「小茶碗」に続き「先付」。海老・湯葉・花丸胡瓜串刺し、茶巾南瓜などなど。

19:30 夕食

朝食も夕食も客室で。17:30〜19:30の間にスタート。食事のお世話は専任の部屋係の女性が担当。夕食は系列の天ぷら店「点邑（てんゆう）」でもOK。

帰りに系列の喫茶「遊形サロン・ド・テ」へ。隣に「ギャラリー遊形」も。

飲食店やバーが並ぶ賑やかな先斗町通。今回は見るだけで通過。残念。

そりゃあ、凄いはずだ。

さりげなく〝室町時代〟

風呂から上がると、Yが正座して床の間の軸を見ていた。

「どうしたの？　かしこまって」

「この軸、なんかすごく味のある絵じゃないですか。鎌倉建長寺の僧、啓書記という人が書いたらしいんですけれどね、いつ頃の絵だと思います？」

「江戸中期より前？」

「もっと前。なんと室町ですよ、室町。しかもですね、ここに〝二〇〇九年八月・俵屋のしつらい〟という紙があったんですが、これを見ると、隣の部屋は狩野探幽ですよ！　そのほか、どの部屋も凄そうな軸ばかりです」

館内はちょっとした美術館のようだ。建築、書画、庭……。この庭がまた素晴らしいわけで。さらに館内の要所に設けられた小さなパブリックスペースがまた居心地が良く、ひとたび腰をかけるとすぐに根っこが生えてしまう。うーん、なんて快適なのだろう。

さらに夕方5時以降に開放される「アーネスト・スタディ」はまた趣向が異なる空間で、ハンス・J・ウェグナーのベアチェアほか、椅子の名作が。

「これは1泊5万円の価値は十分ありますね。まだ料理を

夕食を食べる前から宿泊料金のモトをとった気分。

「向付 甘鰈千利造り」。モチモチ、むっちり上質カレイ。エンガワも美味。

向付の２品目はたっぷりの生ウニ。焼海苔と山葵を添えて。ぜ、贅沢！

お椀の主役はハモ。「万願寺唐辛子ってこんなに美味しかったっけ？」。

焼物は「鮎の笹焼き」。小ぶりの鮎を塩焼き。はじかみを添えて。

鮎に添えて「冬瓜味噌掛け」。脇役が主役級の美味しさを発揮。スゴイ。

「冷し鉢 海老艶煮 山科茄子オランダ煮 蓮根 椎茸 小芋 束ねずいき 針さや」。

食べてないですけれど、もう満足しちゃいました」とY。

いやはや、ホントに同感。

これだけ美意識の高い宿がほかにあるだろうか。亀の井別荘？　あさば？　石亭？　いやいや、そんなレベルを超越している(と思う)。考えたけれど、思い当たる宿がない。

さすがに料理は、と思ったら……

こうなってくると、当然ながら料理にも期待が高まる。

「どんな料理がでてくるでしょうね。建築やしつらいより、料理の方が評価が高いですからね」

「たしかにそうだけど、この場所で、この建築だから、さすがに1泊5万円では料理まで一流の料理屋並みってわけにはいかないでしょう」

「そうですよね。そうだったら安すぎますよね」

などと言いながらも〝もしかしたら〟という期待が脳裏で交錯する。そして1品目の先付が登場。鱧の子葛饅頭、穴子八幡揚げ、海老・湯葉・花丸胡瓜串刺し、茶巾南瓜……。

思わずニヤニヤしてしまう。なぜって頭の中でファンファーレが鳴っているからだ。「大当たり〜！」という声も頭の中に響く。

「温泉なんて必要ありませんよね。館内がこれだけ快適で、料理がこれだけ美味しければ。しかもここ、京都のど真ん

「温物 鰻 柳川鍋」。すでにお腹いっぱいだが、美味しいからかどんどん入る。

「強肴 蛸湯引き 針長芋陸蓮根 寄せ酢掛け」。絶妙の間合いで料理提供。

京都・越畑で契約栽培されるお米。かなり美味しい。香の物も手抜きなし。

水物で終了。派手な料理はないが、どれも確実に美味しく感激。大満足！

17:00〜23:00限定で開放される書斎「アーネスト・スタディ」。

オリジナルの寝具は書ききれないほどのこだわりが。ギャラリーでも販売。

8:00
朝食

8:00に朝食を頼んだため、起床は7:30の布団上げとほぼ同時。夜の布団敷きも朝の布団上げも同じ女性の客室係が行う。結局、食事〜精算まで、担当は１人だった。

布団上げと共にフレッシュジュースかヨーグルトジュースが届けられる。

中ですからね」

「食わず嫌いって怖いね、ホント」

その後の料理もそれは素晴らしい内容。いわゆる〝旅館料理〟とは素材も技術もけた違い。〝美味しい宿〟としては日本を代表する1軒であることは間違いないし、日本料理店だったとしてもそれは同じだ（と思う）。

超能力を持つ男衆と仲居さん

ところで、俵屋というのは不思議な宿で、他のお客さんの気配をまったく感じない。今回泊まったのは鉄筋コンクリート造の新館なので「防音はばっちり」（仲居さん談）なのだそうだけれど、シーンと静まりかえっているのは、幕末に建てられたという木造の本館も同じ。まるでほかに誰も客がいないように静かだ。

泊まった日もほぼ満室だったそうだけれど、他の宿泊客と会ったのは「アーネスト・スタディ」で一度だけ。しかも。この宿では、男衆や仲居さんの気配さえ感じないのだ。

なのに外出しようと玄関に向かうと、ちゃんと自分の靴が用意されていたり、ちょっと部屋を離れた間に、タオルが変わっていたりする。壁に穴でも開いているの？　もしかして超能力？　というくらい、間合いも完璧。

「こういう宿、今や本当に貴重ですよね。取材になかなか

俵屋旅館

【京都府・中京区】

超私的評価

★★★★★

★ まあ悪くないかな
★★ けっこういい、悪くない
★★★ かなりいいじゃない！また来たい！
★★★★ もう最高！文句なし！
★★★★★ これは日本有数のレベルですよ

まるで「日本文化体験館」のよう

これだけ５つ星をずらりと並べると、「本当に？」と思ってしまうかも（かつての私がそうだったように）。日本建築と日本料理、そして日本文化に興味のある人にとっては最高の宿（だと思う）。

■ 温泉 ☆なし

温泉ではありません。

■ 料理 ★★★★★

旅館料理ではありません。正統派の日本料理です。

■ 風情&ロケーション ★★★★★

決して広くはない敷地に、よくこれだけの空間が、と感心してしまう。設計って凄いなぁ、と改めて実感。しかも京都の中心地にあるとは思えないほど、本当に静か。

■ 接客&サービス ★★★★★

「さすが京都」である以上に「さすが俵屋」という感じ。完璧です。

■ コストパフォーマンス ★★★★★

今回の勘定は１人54,388円。金額的には高いけれど、コストパフォーマンスで考えれば「かなり安い」というのが実感値。吉村順三の設計、中村外二工務店の仕事、書画を含めて、オーナーの美意識と感性が一致すれば、最高の一夜になるはず。

こんな人におすすめ！

幕末築の本館はもちろん、1965年築の新館も文化財級。さらに接客と料理と空間、その一体が「日本旅館」という無形文化財のようなもの。そんな日本文化にどっぷり浸かって京都の１日を過ごしたい人には、唯一無二の存在となるだろう。

こんな人は行ってはダメ！

接客は完璧だが、「あれしろ」「これしろ」に対応する大型旅館的接客ではないのでご注意を。殿様気分でいたい人、酒を飲んで大騒ぎをする人も行かない方がいい。日本建築と日本料理に興味がない人にも向かない。

和食が基本だが、洋食も用意。焼き魚は各種干物、鮭などから自由に選ぶ。

あっという間に11:00。チェックアウトは本来は客室で。写真はラウンジ。

オリジナルグッズを展示・販売しているこんな場所も。お土産を物色。

入れてもらえない理由もわかりました。この空間に三脚を抱えたカメラマンやライターがいたら台無しですもんね」「それにきっと、お客さんのいない時間は戦場だよ。掃除も凄い勢いだろうし、あちこち補修する職人さんとかも入ってくるだろうし」

　ということで、泊まって初めてわかった、「なぜ俵屋は取材をなかなか入れないのか」。もちろん、高飛車で排他的なイメージは完全に私の妄想。むしろ本当の俵屋はまったく逆だったのだ。先入観の食わず嫌いもいいところ。あぁ、もう一度行きたいなぁ。

日本を代表する温泉旅館。

あさば

【静岡県・修善寺温泉】

伊豆・箱根には名旅館と言われる宿が多数あるけれど、なかでも『あさば』の人気は群を抜いている。その秘密は何か？覆面で泊まってみた。

1泊2食　**37,950円～**

2006年10月13日（金曜）に、「巻絹」に大人2名、1泊2食37,950円で宿泊。休前日同料金。（税・サ・入湯税込）住 静岡県伊豆市修善寺3450－1　電 0558-72-7000 食 夕食・朝食：客室　♨ アルカリ性単純泉　施 17室（BT付11室、T付6室）　イン14:30／アウト11:30 交 電車 伊豆箱根鉄道修善寺駅からタクシーで5分 車 東名高速道路道沼津ICより国道136号線経由、約45分

料金の明快さも人気の理由

高級旅館の真価は最低料金に現れる、と思っている。なぜなら、料理は最低料金と最高料金でそうは変えられるものではないし、客室だってそれほどひどい部屋を使うわけにはいかない。だから、いい宿かどうかを見極めるためには、最低料金で泊まるのがいちばんだ（と思っている）。

そもそも、人それぞれ旅館の好みは違うから、誰かが「最高！」と言っても、自分にとって最高かどうかはわからない。だからこそ、最初は最低料金で泊まって「あぁ、いい宿だなぁ」と思ったら、次は懐の許す限りの料金で泊まればいい。そうすれば最初から奮発して「しまった！」なんてことにもならないで済む。

余談だけど、予約するときに料金の違いを尋ねると「お料理の違いです」という答えがよく返ってくる。こう言われると「それではいちばんいいお料理で」なんて言ってしまいそうになるが、それは旅館の思うつぼ（になってしまうことが多い）。２０００円プラスではせいぜい酢の物１品、５０００円違っても刺身に中トロが入るくらいが関の山だったりする。大変残念な話ではあるが、旅館経営者にとって料理は、客単価を上げるための便利な方便。客単価増加分はまるまる儲けと考えていることが多いのだ。

特急「踊り子」に乗って修善寺へ。東京から直通で約２時間。

駅からタクシーで、宿まで約10分。送迎は行っていないそう。

14:30 チェックイン

温泉街をぬけ、ひときわ風格ある門が見えたら、そこが「あさば」。タクシーが到着した音を聞きつけ、素早く係が対応。立派な門は富岡八幡宮より移築したもの。

門の奥に玄関が。どちらも存在感がある。「高級旅館に来たなあ」と実感。

開放的な玄関。仲居が笑顔で待ち受けている。すぐに客室へ案内。

鍵の締め方やら、お部屋の説明を……。宿帳を書いて、一段落。

まずはお茶を。この日の湯呑みは、修善寺の人気作家・花岡隆作。

能舞台をほぼ正面に臨む客室。部屋からテラスへは出られない。残念。

予約時から〝いい宿〟の予感

とまぁ、ずいぶん前置きが長くなったが、なぜこんな話を書いたかというと、『あさば』の料金体系はそんな一般的な旅館とは違うからだ。料理が特徴でありながら、料金は客室によって異なるだけ。料理は最低料金でも最高料金でも基本的に同じで、その正直さが人気を集める理由でもある（素材は若干変えているらしい。またリピーターには違う料理を出す）。となれば、なおさら覆面取材では最低料金の客室を予約するのがいちばんだ。

今回の宿泊は同行する編集部員Yの名前で予約。予約時に「食べ物のアレルギーはありませんか？ 嫌いなものはありませんか？」と聞かれたという。「化学調味料の味が嫌いなので、一切使わないでください」と伝えると、「大丈夫です。うちの板場も嫌いですから（笑）」との答えが返ってきたそうだ。こんな質問にも、ウィットを効かせてさらりと回答できるところが「さすが」だ。

〝空気がきれい〟な客室

修善寺温泉駅からあさばへはタクシーで10分弱、料金でいうと1000円程度だ。

タクシーが宿の玄関前に到着すると、番頭がこちらに走ってくる。運転手に千円札を2枚渡し、その釣り銭を待っていると

窓は曇りひとつなく、畳はささくれひとつない。

荷物の下に当たり前にたとう紙を敷く姿が印象的。畳を傷つけない配慮。

客室のアメニティ。バスタオルや浴用タオルは大浴場にもある。

コンクリートのテラスはロビー前から各客室前へと続いている。

コーヒー、ジュースのほかアルコールなども。メニューは特になかった。

池に面した開放的な造りのサロン。ライブラリーとしても機能。

仲居さんはベテランが多いよう。シャッキリと伸びた背筋が美しい。

「お荷物をお持ちしてよろしいでしょうか?」。「はい」と答えると、荷物を小走りで持っていった。早業だ。

玄関で靴を脱いだあとはすぐに客室へ。このタイミングにロビーなどで抹茶やお菓子を出す宿も多いけれど、正直、あれはどうかと思う。「早く部屋に案内してほしい」と思っているのは私だけではないだろう。

通された客室は、ちょうど能舞台の正面にあたる10畳の「巻絹《まきぎぬ》」。広い住宅になれた現代人にとって10畳は狭く感じるが、それでも妙なくつろぎ感がある。この感覚は、けっして正面に能舞台があるからではないだろう。

しばらくごろりと横になって考えてみた。で、気が付いたのが畳。畳の目がピシッと揃っているのはもちろん、ささくれだったところも傷も1カ所もない。窓は曇りひとつなく、埃っぽさもまったくない。埃アレルギーを持つ編集部員Yが言った。

「この部屋、空気がきれいですね」

ちなみに低料金の客室は、狭いけれど能舞台を臨む位置にある。一方、高い客室は能舞台から離れているが(能舞台が見える部屋もある)、その分静かな庭園に面している。つまりどの客室でも満足度が高くなるような、絶妙な配置なのだ。

サロンは貸切状態

最近の高級旅館では「部屋から出てこない人が多い」と言

15:30
温泉街散策

テラスから池の鯉にエサをやったり（１回200円）、お茶を飲んだり、館内探検を楽しんだ後は、温泉街散策へ。宿が建つのは桂川の近く、温泉街の中心部。見どころ満載！

ライトアップされることもある「竹林の小径」。途中には「和風ギャラリー」も。

修善寺温泉、発祥の湯「独鈷（とっこ）の湯」。現在は足湯に。無料。

射的や土産物屋が並ぶ。古き良き温泉街の風情を楽しめる。

日が暮れると、能舞台がライトアップ。あたりは闇に包まれ幻想的。

５つある湯船はすべて源泉かけ流し。塩素消毒も一切していない。

お風呂は男女別内湯各１、男女交替制露天風呂１、貸切内湯が２つある。

内湯を出た所にはアルカリ水が用意。常温のものと冷やしたものが。

う。どうやらそれはここも同じで、サロンには先客が1組だけ。しかも10分もしないうちに帰ってしまったので、その後30分以上、貸切状態になった。これは快適だ。サロンの窓は全面が開け放たれ、池の向こうに能舞台が見える。傾いた太陽が優しい光を投げかけてきて、なんだか眠くなってきた……。

ちなみにこのサロンのイスは、ハリー・ベルトイヤという彫刻家の作品で、ダイヤモンドチェアと呼ばれるもの。座り心地がいい＝眠くなるのも当然といえば当然、だ。

露天風呂より気持ちいい内湯

男女交替制の露天風呂は敷地の奥にあり、能舞台は見えないが池に面している。あさばというと、どの雑誌も「深川の富岡八幡宮から移築した能舞台と門が云々」ということになっているけれど、実は隠れた魅力が源泉かけ流しのお湯。敷地内に源泉があるのに集中管理、というのは残念だが、塩素消毒をしていないのでかなり肌触りがいい。きっと誰でも「修善寺温泉ってこんなにいいお湯なんだ」と思うはずだ。ただし、池が目の前という宿命か、露天風呂の岩に腰掛けて涼んでいたら、背中とお尻の2カ所を蚊に刺されてしまった……。

露天風呂より気持ちいいのが内湯。男性用は扇形、女性用は円形と意匠は異なるが、広さはほとんど同じだ。

景色も見えないし、特筆するものはないのだけれど、なぜ

か気持ちいい。あさばという宿は、この「なぜか気持ちいい」がポイントなのだ。

客室で考えたのと同じく、風呂に浸かって「なぜか？」考えてみた。で、やっぱり気付いたのが、めちゃくちゃ清潔だということ。壁は天井まで拭き上げられていて、カランはピカピカ。湯桶は毎日タワシでゴシゴシと洗っているのだろう。底部とフチでは厚みがかなり違う。湯船のフチも同じで、微妙な丸みを帯びている。しかも、いつ行っても桶とイスがピシッと片づけてある。どうやら、かなりまめに湯番頭が風呂場をチェックしているようだ。

夕食は旅館の最高峰

あさばの魅力はなんといっても食事にある。日本全国に高級旅館といわれる宿は数多いが、価格ばかりが高級で、ひどい料理を出す宿がいかに多いことか。その点、あさばの料理は旅館の最高峰にランクするといえるだろう。材料も1級品で、いゆわる旅館料理とは次元が違う。器も上品だし、妙にゴテゴテと飾り付けていないのもいい。だしをしっかりとっているのはもちろん、できあいの素材（半製品）も使っていない。

「えっ？ だしなんてあたりまえじゃないの？」と思うかもしれないけれど、かつおの香りがする顆粒を使っている宿がいかに多いことか。だしをとっていても、その品質が低いため、「味の

19:00 夕食

いよいよ噂の夕食。客室に1品1品、仲居さんが運んできてくれる。完結かつ丁寧な説明も好感。ちなみに、連泊客や常連には料理内容を少し変えたりもするそうだ。

いよいよ夕食！ 1品目は「胡麻豆腐」。「だしが美味い！」と、まずは感激。

大皿から1品ずつ取り分けてくれる「季節の盛り合わせ」。

目の前でだしを沸かし、生のつみれを入れ……。名物「鯵たたき吸鍋」。

「平目・赤いか造り」。醤油やワサビにまで手を抜かない姿勢が素晴らしい。

客室に七輪を持ち込み、目の前で焼いてくれる「さわら塩焼き」。

旅館で出会う蒸し物の多くは化学調味料味だが、こちらは〝本物〟。

「穴子黒米ずし」、「三ツ葉、床ぶしの酢物」、「だつ、豚角煮」と続き……。

バランスを整えるために」と化学調味料を使う宿も多い。

「こんな美味しい料理を出す旅館があるんですね」

Yは出てくる料理に「美味しい」を連発していた。

しみじみ美味い朝食

朝食は夕食同様、「美味いなぁ」としみじみ思う内容。だし巻き玉子も魚もフツーに美味しい。旅館ではこのフツーに美味しい料理を食べることが難しいのだ。

ひと昔前、〝朝食の美味しい旅館〟的な企画が雑誌やテレビで流行った。その結果、朝からずらりと豪華食材を並べたり、「豆腐を自分で作る」なんて奇抜なアイデアを競ったりしていた。でも本来の〝美味しい朝食〟とは、白いごはんがとびきり美味しくて、味噌汁からかつおだしの香りがふんわり漂って、無添加の漬け物が添えられていて、干物は厚みがあって……といったものを指す（のだと思う）。

あさばはそんな本来の〝美味しい朝ご飯〟の系統だ。お米の味が夕食と違うので「なぜ?」と尋ねると「夕食は茨城の山間で穫れたコシヒカリ、朝食は会津の米なんです」という。

会津産は粘りが強く、モチモチ感のあるお米。茨城産は香りがよく通の間で評判のお米。どちらが朝食に合うというわけではないけれど、料理に合わせて米を使い分けているのだろう。そんな旅館はそうはない。

で、最終的にどうなのさ?

客室、温泉、夕食、朝食と、ほとんど非の打ち所がないけれど、接客は少々「?」と思う部分がある。客室係はけっして悪いわけではなかったが、サロンの女性などはちょっと無愛想。べつに「笑え」とは言わないけれど、もう少し愛想があってもいいんじゃないの? という感じ。ま、〝さばさばした接客〟と言うこともできるけれど……(接客は受ける側の感覚で大きく印象が異なるので評価が難しい)。

今回の宿泊代は3万7950円。これはけっこう妥当な料金だと思う。というよりかなり割安なのではないかと思う。

「4万円弱で割安?」という人もいるかもしれないので、その根拠を書こうと思う。まず食事代がいくらなのか、それが重要だ。あさばは泊食分離の宿ではないから、夕食の料金は明示されていないけれど、もしあさばが日本料理店だったなら1万5000円くらいなら「安い!」と言えるのではないだろうか。とすると、総額表示ではサービス料20%+消費税で1万8900円。同様に朝食は5000円なら「満足!」と思える内容だから総額表示で6300円。とすると残額は1万2750円。ここから入湯税150円を引き、サービス料と消費税を逆算すると、なんと素泊まり料金は1万円ちょうどになる。ルームチャージで2万円ということだ。

布団も枕もオリジナル。寝心地、肌触りは抜群。思わずばたんきゅー……。

最後にもう１皿デザートが！ 写真奥の「3種のアイス盛り合わせ」。

「甘味」はブラマンジェ、葛切り、フルーツ（この日はメロン）の３種から選ぶ。

１部屋ずつ釜で炊きあげられるご飯。この日は秋鮭のいくらと合わせて。

9:00
翌朝

夜のサロンや館内の様子ももっともっとご紹介したかったのだが、紙幅がないのでごめんなさい。朝風呂をゆっくり楽しみたかったので、朝食は9:00〜と遅めに頼んだ。

朝食も客室。熱々のだし巻き玉子やおひたしなどから。体に優しい味わい。

七輪で焼きシイタケを楽しむ。「水分が出てきたら食べ頃ですよ」。

朝食後、客室で会計。サロンでコーヒーのサービスを受けチェックアウト。

これはかなり破格と言えるのではないだろうか。日本広しと言えども、これだけコストパフォーマンスに優れた高級旅館はそうはない。しかもここは、宿泊料金相場の高い伊豆である。

競合は東京の外資系ホテル？

ではやっぱりあさばは最高なのか？ と言われれば、それはそれで考えてしまう。

「なんか足りないんですよね。あさばの料理って」

編集部Yは創業江戸年間の老舗すし屋の姪だ。

「どれも美味しいけれど、〝これだっ！〟ってものがないんですよ。素材は上質だけど最高ランクからひとつ落ちる気が……とくに魚とだしがなぁ……」

けっして自慢するわけではないけれど、自遊人の社員はコンビニ・ファーストフード禁止。日常の食事も自社の食品販売部門の食材か同等品を使うことが決まりになっていて、だしは枕崎産の本枯節と礼文の昆布を使っている。つまり、昆布も鰹節も、そこいらの料亭より、よっぽどのいいものを使っている。

「ミシュランの3つ星店で食べて2万円、そのあと外資系のホテルに泊まって2万円。東京って凄い街ですよね。今回は最低料金だからあさばの勝ちだけど、美味しいものを食べたいなら微妙ですよね」

もちろんあさばには泉質抜群の温泉がある。能舞台や門を

あさば

【静岡県・修善寺温泉】

超私的評価

★★★★★

★ まあ悪くないかな
★★ けっこういい、悪くない
★★★ かなりいいじゃない！また来たい！
★★★★ もう最高！文句なし！
★★★★★ これは日本有数のレベルですよ

これぞ日本の名門旅館。

伊豆・箱根には多くの老舗旅館、高級旅館があるけれど、もっとも「ヴァリュー・フォー・マネー」なのが『あさば』。温泉、料理、風情はパーフェクト。掃除も徹底していて〝空気が澄んでいる〟。

■ 温泉 ★★★★☆

壁や桶まで磨き込まれた内湯は露天風呂よりはるかに気持ちいい。湯は源泉かけ流しで塩素消毒なし。

■ 料理 ★★★★★

料理はいわゆる〝旅館料理〟の域を完全に超えている。これだけ真っ当な日本料理を出す旅館は日本でも数少ない。もちろん関東近県ではトップレベル。

■ 風情&ロケーション ★★★★★

深川天満宮から移築した門、唐破風の玄関、能舞台とその借景……。これぞ、日本旅館！といった感じ。

■ 接客&サービス ★★★☆☆

高級旅館としては一般的。基本的に至れり尽くせりで何の不自由も不満もありません。ちなみにこの宿は表側の〝見える接客〟より、裏側の〝見えない接客〟、つまり掃除とか、湯の管理とか、そういうところが素晴らしい。それは間違いなく5つ星。

■ コストパフォーマンス ★★★★☆

最低料金で４万円近くする宿だけど、コストパフォーマンスは間違いなく〝もう最高！〟。この宿で高いと感じたら、高級旅館は向いていません。

こんな人におすすめ！

上質な宿を探しているすべての人に。あさばには日本旅館に求められる本質のすべてが揃っている。敷居はけっして高くないので、記念日や両親の招待旅行にも。

こんな人は行ってはダメ！

「高級旅館＝豪華食材」と思っている人。日本文化にはあまり興味がない人。酒を飲んで大騒ぎしたい人。

はじめとした文化遺産もあり、その背景には修善寺という街の文化がある。ホテルと旅館では価値観も利用方法も違う。とはいえ、食事だけを考えるなら、東京にはあさばより美味しい店がたくさんあるのも事実。ここ数年、快適なホテルもたくさんできた。しかも期間限定的な措置とはいえ、かなり割安な価格で宿泊できる。ヘタな高級旅館よりもよっぽど〝非日常〟だし、スマートな接客も心地いい。

あさばはたしかに旅館の最高峰といえるけれど、人によって払うお金に対する価値観も違えば、内容による満足度も違う。これだから高級旅館は難しい……。

旅館料理の常識を大きく変えた宿。

由布院　玉の湯

【大分県・由布院温泉】

九州の宿としてだけでなく、全国的に見ても名宿として名高い『由布院 玉の湯』。4年ぶりに自腹で泊まってみた、その率直な感想は……。

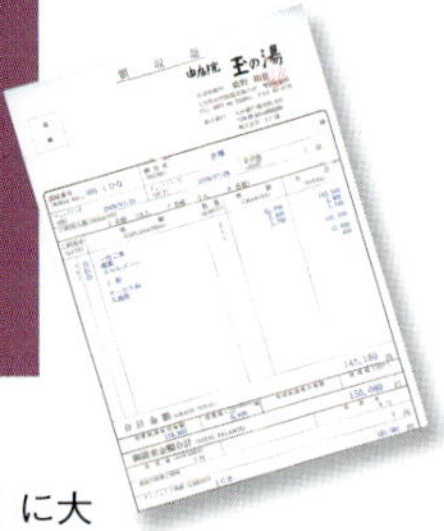

1泊2食　**34,800円～**

2009年7月25日（土曜）にメゾネットタイプの客室「くひな」に大人3名で宿泊。10畳和室＋12畳ツインベッドルーム＋10畳リビングルーム＋テラス付き。1泊2食48,660円で宿泊。住 大分県由布市湯布院町湯の坪　電 0977-84-2158　食 夕食・朝食：客室、食事処　♨ 単純温泉（成分総計849mg／kg）、男女別露天風呂付き内湯各1　施 和室2、和洋室15（全BT付、全室温泉） イン14:00／アウト12:00　交 （電車）JR由布院駅、由布院駅前バスセンターより歩いて15分。タクシーで3分（車）大分自動車道湯布院ICから約10分

自遊人「宿大賞」上位常連の宿

自遊人でたびたび登場する由布院温泉『玉の湯』。しかも自遊人の「宿大賞」では毎回上位（2005年7月号第1位、2007年1月号第5位、2008年5月号第1位、2009年9月号第5位）。「本当にそんなにいいの？」と思っている方も多いことでしょう。実際に個人的には友人知人から「玉の湯ってどうなの？」と聞かれることもしばしば。同じく上位常連の『あさば』や『住吉屋』は過去の覆面訪問記に登場しているけれど玉の湯はまだ。ってことでデジカメ1台片手に、またまた行ってまいりました。もちろんノーアポ、〝覆面〟で。

玉の湯を訪れるのは何回目だろう。取材を含めると両手ほどにはなるはずだ。でもプライベートで宿泊するのは4年ぶり。その間に、全国各地に多くの高級旅館が登場した。果たして身銭を切ったときの満足度はどう変わっているだろうか。また、自遊人のランキングを見て泊まった人の期待を裏切ってはいないだろうか。楽しみでもあり、ちょっと不安だったりもする。予約の電話をしたのは編集部Y。

「ぜんぜん予約が取れないんですよ。平日も含めてほとんど満室。不景気の今どき、凄いですよね」

以前から予約は取りにくかったけれど、人気に拍車がか

チェックインは談話室で。ウエルカムスイーツをいただき、夕食の相談。

玄関では溢れんばかりのひまわりがお出迎え。ここまでは外来利用可。

チェックインは13:00！ぴったりに訪れるとすでにスタッフが待機。

13:00 到着

JR由布院駅・由布院駅前バスセンターから徒歩15分、タクシー3分。湯布院ICからは約10分。大分空港から高速バスで約1時間、片道1,500円。いずれからも送迎はなし。

リビングの隣がベッドルーム。LANケーブルによりインターネット接続可。

内湯と玄関以外はすべて２階に。和室の隣がリビングルーム。

メゾネットタイプ「くひな」に宿泊。和室＋ベッドルーム＋リビング＋テラス。

かっているようだ。

「メゾネットタイプの広めの客室なら空きがありました。ただし客室は2階にあるらしいんです。どうします?」

玉の湯は雑木林に離れが点在する宿だ。縁側やテラスから眺める庭が〝玉の湯らしさ〟で、料金も庭との接し方が密接に関わっている。だからどう考えても客室が2階では魅力半減。そもそも2階に部屋があるなんて知らなかった。

「メゾネットタイプだと安いの?」

「いや、広い客室らしいので安くはありません。通常は親子世帯で使ったりする和室+洋室+リビングで、３名利用だと１人４万８６６０円だそうです」

「うーん、でも仕方ないか」

庭に面していないのは残念だけど、玉の湯のいちばんの魅力は〝料理〟。ちょっと割高感はあるけれど良しとしよう。

肩すかしを食らう客室

到着から談話室でのチェックイン、客室に案内されるまでは、流れるようにスムーズだ。さすがは客室稼働率95%以上の宿。聞けば最近では、直前キャンセルがあってもすぐに予約が入ってしまうことが多いのだという。ところで〝広い〟と聞いていた客室はそれほど広く感じなかった。

「１４０㎡あるそうですが、廊下や玄関が広いからでしょ

不景気の今どき1泊4万円の宿が休前日はもちろん、平日も満館。

ミニキッチン付き。ミネラルウォーターとドリップコーヒーのみ無料。

トイレは2階に2つ。もちろんシャワートイレ。広い洗面台も2つ。

テラスも2階に。農道に面しているが木々に囲まれ静か。眺望はない。

内湯は1階に。小さいが源泉そのままを楽しめる。大浴場より快適？

14:00
由布院散策

由布院温泉は全国区の観光地だけあって町も賑やか。御三家のティールームや飲食店、お土産物屋、美術館など散策スポットが盛りだくさんで飽きない。早速、お散歩へ。

宿のすぐ裏にある「花野そば」で遅めの昼食。ざるそば（二・八）790円。

うか？ 不思議とそんなに広く感じませんね。内装材や調度品も、う～ん……」とY。

もともと〝しつらえ〟で勝負する宿ではなかったけれど、今となっては少々安っぽく感じるところが多々ある。家にいるような、背伸びをしないでいい独特の空気感は健在だけど、非日常感はない。高級旅館らしさを期待すると、肩すかしを食らう。「えっ？ これで本当に4万円？」と。ただ、玉の湯はこの自然体な感じが人気の秘密でもある。庭も銘木を配した日本庭園ではなく雑木林。料理も……。

「なるほど。たしかに。あちこちに飾られている花なんて素敵ですよね」

「花？」

男の視点には花の善し悪しなんてほとんどない。すると花屋の娘のもうひとりのYが言った。

「えええええぇ!? 今まで何度も来ているのに気が付かなかったんですか？ 玉の湯の魅力は雑木林より花ですよ。種類も数も多くて、女性には夢のような空間。飾り方がさりげなくて、〝自分にもできるかな〟って思わせるところが凄く良いと思います」

風呂は高級旅館では標準的

温泉は良くもなく、悪くもなく。もともと由布院の湯は

土産物屋が並ぶメインストリート。温泉街というより観光地。凄い人出。

由布院御三家の一軒『亀の井別荘』。ショップ、喫茶、食事処を併設。

あっという間に日暮れ。宿に戻り、フロント脇の読書スペースで一息。

男女別大浴場。自然派「LEAF&BOTANICS」でアメニティは統一。

露天風呂付き。温泉は放流・循環併用式。6:00〜11:00、15:00〜24:30。

談話室兼ライブラリーでのんびり。コーヒーやお茶菓子の無料サービスも。

20:00
夕食

客室or併設のレストラン「葡萄屋」で。葡萄屋は外来利用もOK。17:00〜20:30。宿泊の夕食も同時間内でスタート。2階の客室、大人数の場合はレストランを利用。

豊富なワインリスト、酒類のメニューからシャンパンを選択。ワクワク。

含有成分がそれほど多くない単純温泉がほとんど。柔らかな入浴感は悪くないけれど、「おおっ」とかつぶやいてしまうような印象的なお湯ではない。しかも露天風呂も小さいし、すぐ壁の向こうは道路だし。湯上がりにミネラルウォーターが用意されていることも、もはや高級旅館の定番か。あえて言うなら脱衣所の足拭きマットが、その都度変えられるようになっていたことが印象的だった。

「人の使った足拭きマットで足裏を拭くのって嫌ですよね」とY。たしかにその通りだ。

えっ？1品目はおから？

夕食は通常だと客室に配膳か、食事処で食べるかを選べるのだけれど、4名以上のグループと2階の客室に宿泊の場合は、食事処または会食場になる。席に着いて待つこと数分、メインイベントが始まる。1品目は「ゴマ豆腐」と「おから」「なまりぶし」「精進豆」。と、ここで初めて訪れた人は必ず面食らう。「えっ？なにこれ？」と。1泊4万円前後の宿を予約して、しかも客室や温泉は大したことはなく、期待していた料理の1品目が「おから」。

「ナメてんのか！」

もしかしたら怒り出す人もいるかもしれない。続く前菜も、お造りも特別なものではない。で、どう感じるか。

日本一の宿の宿命か？
追われる玉の湯、追う各地の宿。

「季節の小鉢」４品からスタート。精進豆、ゴマ豆腐、なまりぶしと……。

おから。「こんな美味しいおからは初めて」とちょっと興奮。

「お刺身 大分の海の幸」。宿泊は真夏。この日は鮎とタイが登場。

吸物は３種から選択。エビと芋のしんじょうが主役の「季節のおすまし」。

「スッポン汁」や「鯉濃」も用意。いずれも優しい味だがしっかり美味。

「旬の山菜等盛り合わせ」。地味な食材ばかりだが味わい深い品々。

この1品目に〝ピン〟と来たら、玉の湯まで来た甲斐があったというもの。もしイマイチと感じたら、残念ながら玉の湯との相性は悪い。もちろん舌比べをしているわけではない。味覚がどうの、という問題を話しているわけでもない。好きか嫌いか。単純にそういうことだと思う。そして自遊人のランキングで玉の湯が上位にくる理由もここにある。こういう料理が好きな編集者が価値観の合いそうな専門家にアンケートをとり（専門家も価値観が合っていそうな雑誌だから答えてくれる）、また読者もそんな価値観にピンと来て雑誌を買ってくれて〝良かった〟と投票するのだから。

　正直な話、包丁がどうの、技術がどうのという料理ではない。だから鮎の塩焼きや椀などは料理屋のそれと比べてはいけない。言うならば玉の湯の料理は、旅館料理の正当進化なのだ。〝旅館が料理屋の真似をしてもかなわない。ならば違う方向、民宿のもてなし料理を突き詰めたらどうなるか〟。そんな料理だ。

　もちろんおからは逆の意味で民宿のそれとは違う。煮物も鍋も、こんな洗練された味は民宿では出せないだろう。そしてその完成度は朝食へと続くのだ。

　ちなみに玉の湯と同じく、常に上位にランクインしてい

「魚の塩焼」。焼き石の上に笹、その上に全員分の鮎をのせ華々しく登場。

「田舎風煮物」。魚類よりも野菜類。こういった素朴な一品こそ実力発揮。

メインは５種用意。「旬の山里会席」と75ページの「スッポン鍋」を選択。

ご飯、香の物のあと、５種からデザートを選択。「かぼすのシャーベット」。

「コーヒーゼリー」。デザートは談話室で提供。朝食の相談もこちらで。

「ニコルズ・バー」へ。17:30〜19:00のハッピーアワーは１杯1,000円！

8:00
翌朝

朝食は7:00〜11:00。客室or葡萄屋で（客室は9:00〜。２階の客室に宿泊の場合は部屋だし不可）。和食と洋食の選択のほか、細かい料理のチョイスは夕食の終わりに相談。

洋食。卵料理は４種用意。お好みでチーズ、生ハム、フレンチトーストも。

る高級旅館が『あさば』。「あさばと玉の湯、どっちがいい宿？」と聞かれることも多いのだけど、あさばは日本で数少ない〝料理屋にひけをとらない〟料理を出す温泉宿。つまり玉の湯の対極にある宿だ。そして90ページで「日本最強の温泉宿」と書いた『ホテルリッジ』がなぜ日本一かといえば、『古今 青柳』での夕食（日本料理）を選択できるから。あさばは〝料理屋にひけをとらない〟料理を出すけれど、青柳は日本でも指折りの料亭だ。

本家危うし？

ところで玉の湯に難点はなかったのか、気になる人も多いだろう。「なかった」と書きたいところだけれど、残念ながらあった。以前の玉の湯は従業員が一丸となって接客向上に取り組んでいた。もちろんその姿勢は今も変わらないのだろうけれど、今回は微妙な温度差を感じたのだ。なんというかルーチンワークになってしまった感じというのだろうか。

それは料理も同じ。玉の湯の料理は〝完璧な完成型〟で、変えるにはかなりの勇気が必要だけれど、さすがに内容が変わらなすぎる。そして、それより何より、要望に対する自由度が低すぎるのではないだろうか。メインは5種類から選べるとはいえ、基本的に1種類のコースのみ。しかも

由布院 **玉の湯**

【大分県・由布院温泉】

超私的評価

★★★☆☆

★まあ悪くないかな
★★けっこういい、悪くない
★★★かなりいいじゃない！また来たい！
★★★★もう最高！文句なし！
★★★★★これは日本有数のレベルですよ

旅館業界への貢献度は多大！

中途半端な会席もどきが主流だった旅館の料理に一石を投じた宿。多くの宿が玉の湯を参考にして人気を得ていることを考えると、旅館業界への貢献度は多大だ。

■ 温泉 ★★☆☆☆

温度や衛生管理のため循環併用式だが、ほぼかけ流しと言っていい湯質。ただし由布院の温泉自体にそれほど特徴はない。高級旅館としては標準的な風呂で「けっこういい、悪くない」という感じ。

■ 料理 ★★★★★

料理の完成度は文句ナシ。ただし昨今の高級旅館に要求されている料理の自由度が低いのは残念。

■ 風情&ロケーション ★★★☆☆

全室がほぼ離れ。ちなみにこの項目最優先の人は同じ由布院ならば『亀の井別荘』に泊まるべし。

■ 接客&サービス ★★★☆☆

自然体の接客というのは難しい。少しでも一生懸命さが欠けると印象は「普通」になってしまう。

■ コストパフォーマンス ★★★☆☆

チェックイン13:00、アウト12:00と滞在時間も長く休日を満喫できる。食事を含めた宿としての完成度も高く「また来たい」と感じる人が大半のはず。

こんな人におすすめ！

高級旅館の〝会席もどき〟に飽きた人は一度は行ってみるべき。また、自然体の接客は家族旅行にも最適。〝高級旅館は初めて〟というような人でも、萎縮せずにくつろげる。ただし家族で行くには料理が地味か?

こんな人は行ってはダメ！

「正当派の日本料理こそ高級旅館の王道」と思っている人は他へ。食事に豪華食材のオンパレードを期待する人、建物や庭に格式を重視する人も向いていない。またデザイン重視の旅館でもないからカップルにも向き不向きがありそう。

和食。卵料理4種、魚料理2種、ごはん類3種を用意。迷っちゃう……。

洋食は「特製野菜スープ」付き。辰巳芳子レシピ「クレソンのポタージュ」。

精算後、併設の「ティールーム・ニコル」で余韻に浸る。幸せ！

チェックアウトが12:00なのも満足度大。精算は客室、またはフロントで。

糖尿病等の栄養管理メニューや菜食にも対応できず、アレルギーにも一部対応できず……。禁煙客室がないこと、食事処以外のパブリックが喫煙可なのも気になる。

「多くの宿が玉の湯をお手本にしてきたじゃないですか。だから本家危うしという感じがしますよね。まだ十分すぎるほどいい宿ですけれどね」とY。

すでに施設の〝快適さ〟や料理の〝自由度〟では玉の湯を追い越している宿も多い。料理を含めた全体の完成度はまだまだ高いけれど、全国の高級宿が玉の湯の座を狙っている。トップを走るというのは何でも大変だ。

日本有数のコストパフォーマンス。

庭園の宿　石亭《せきてい》

【広島県・宮浜温泉】

世界遺産・宮島を借景に佇む『石亭』。庭園の宿と言うだけあって、庭はもちろん素晴らしいのだけど、人気の理由はそれだけではなかった。

1泊2食　**28,500円〜**

2009年7月31日(金曜)に、本館2階の客室「芭蕉」に2名で宿泊。10畳和室＋8畳和室＋広縁で1泊2食34,650円で宿泊。平日28,500円〜45,300円。休前日33,500円〜50,300円（税・サ・入湯税込）住 広島県廿日市市宮浜温泉3-5-27 電 0829-55-0601 食 夕食：客室・朝食：客室、食事処 ♨ 単純弱放射能温泉（成分総計264.2mg／kg)、男女交替制露天風呂付き内湯各1 施 和室12（全BT付、露天風呂付き1）イン15:20／アウト10:20 交 電車 JR山陽本線大野浦駅よりタクシーで5分。送迎有（要連絡）車 山陽自動車道大野ICから約10分

最大のウィークポイントは……

大分の『由布院 玉の湯』とともに……自遊人で人気が極めて高い宿『庭園の宿 石亭』。２００９年11月号「美味しい宿大賞」では7位、２００８年5月号「日本の名宿」5位、２００７年1月号では堂々の第2位等々。人気の秘密を簡単に言ってしまうと「宮島を借景とした１５００坪の日本庭園」と「遊び心溢れる館内」、「質の高い正統派日本料理」、そして「コストパフォーマンス」ということになるのだけれど、プライベートで多くの人から聞かれるのが「本当にそんなにいいの？」。関西圏に住んでいるならともかく、東京からとなるとかなり遠い。「わざわざ行く価値があるの？」と関東圏の人が思うのも当然だろう。

で、「価値があるか」の結論から先に言ってしまえば「ある」のだけれど、「ただし」という注意書き付きであることも間違いない。あらかじめ書いてしまうけれど、石亭最大のウィークポイントはチェックイン・アウトの時間。イン15時30分、アウト10時。今どきの高級旅館基準で考えると、とくに朝が早すぎる。なぜそうなっているのかというと、昼食休憩を積極的に受け入れているから。その分、宿泊料金は格安に抑えられているのだけれど……。

13時からのアーリーチェックイン（＋４２００円・貸切

世界遺産・宮島から車で15分。フェリー乗り場（宮島口桟橋）から送迎無料。

15:30 到着

今回は直接チェックインしたけれど、「宮島口桟橋」には宿泊者専用の駐車場も。JR山陽本線大野浦駅からは車で５分（送迎無料）。山陽自動車道大野ICから約10分。

玄関には和服の仲居さんが待機。荷物は女性の従業員が運んでくれる。

本館２階には３室の客室がある。ほかに「あずまや」２室、「離れ」が７室。

本日の宿泊は「芭蕉」。まずはお茶とお菓子でほっと一息。記帳もこちらで。

和室２間（10畳、８畳）＋広縁。２部屋だった客室をリニューアルして１室に。

大きな窓からは宮島を一望。ロッキングチェアに腰掛けてのんびりと。

内風呂。浴槽の奥に見えるベランダ（屋外）にはシャワースペースが。

風呂とアフタヌーンティー付き）、翌12時のレイトチェックアウト（＋３１５０円・貸切風呂とシャンパン付き）もあるけれど、それでは最大の魅力かもしれない「コストパフォーマンス」が霞んでしまう。つまり石亭は標準のイン・アウトでＯＫか否かが「あぁ、いい宿だった」思うかどうかの重要ポイント。いわば踏み絵のようなものなのだ。

日本文化の粋を感じる空間。トイレの床にも注目！

今回の旅は、イン15時30分を逆算して東京駅10時30分発の「のぞみ」に乗車。広島駅で山陽本線に乗り換えて約30分、最寄り駅の大野浦に到着した。

ここからは宿が送迎してくれる。車は国道からそれて、ぐんぐんと坂道を上がり、やがてお屋敷が並ぶ一帯に。石亭はその一角、眼前に宮島、背景に経小屋山という、最高のロケーションに建つ。

敷地は決して広くはないけれど、１５００坪の日本庭園を囲むように配された客室はわずか12室。狭さを感じることはまったくない。というより、箱庭的日本文化の粋を随所に感じる空間だ。

さらに庭園に面して〝ちょっといい感じ〟の隠れ家的スポットが点在している。「床下のサロン」「草々亭」「凡々洞」。床下のサロンには世界の名作椅子がずらりと並び、そのな

建築も調度品もすべて〝本物〟質の高い空間がなによりの魅力。

16:00
館内散策

1,500坪の日本庭園はもちろん、あちこちに設えられた〝ちょっといい感じ〟の隠れ家スポットが石亭の魅力。部屋に篭もっていては満足度が半減してしまう。

アメニティは実質重視。宿泊料金を考えると「普通」の内容。

洗面台の右にシャワートイレ、左に内風呂という造り。非常に清潔。

正面が本館。両側に「離れ」「四阿（あずまや）」タイプの客室が並ぶ。

本館1階の「ラウンジ」。夕食までの時間はここで喇酒サービスを実施。

かでもひときわ目立つのがデンマークのデザイナー、ハンス・J・ヴェグナー作の「ベアチェア」。下世話な話で恐縮だけど、ベアチェアといえば車1台分はするほど高価な椅子。さらにヴィンテージのオリジナル品は最近稀少で、お金を出してもなかなか買えなかったりする。

　そんな椅子がさりげな〜く置かれていて、椅子好き、家具好きにはかなりグッとくる空間。そしてさらに……そうそう、話を通された客室に戻そう。

　今回泊まったのは本館2階、10畳＋8畳＋広縁の「芭蕉」。その窓辺にはやはりヴェグナーのロッキングチェアが置かれ、のんびりと宮島を眺められるようになっている。

　石亭には離れと本館客室の主に2タイプがあるのだけれど、離れからは庭を楽しめ、本館からは宮島と瀬戸内海の眺められるのが特徴。さらに各室ともに造りや調度品、家具などが異なり、それらすべてが〝本物〟なのだ。

　最近「各室異なる造りでお部屋が選べます」なんて宿も多いけれど、そのほとんどがチープな張りぼて。〝なんちゃって〟な宿がほとんどだけど、この宿はかかっている金額の桁が違う。

　ちなみに、どのくらい質が高いかというと、それをもっとも表していたのがトイレの床。なんと、欅《けやき》の1枚板だ！

庭の片隅には休憩スペースが。近くにある小さな鉄の扉を開けると……。

離れ「大観」の床下を利用した「凡々洞」。ジャズが流れる小さなサロン。

お茶処「草々亭」。こちらも庭の片隅に。お茶やシャンパンなどが用意。

露天付きの男女交替制内湯が２つ。単純弱放射能泉。加温、加水、消毒あり。

ラウンジでは「湯上がりにいかがですか」とさりげなくビールがサービス。

19:30 夕食

ホームページよると「肉類を使った献立は稀」「精進もナントカ致します」。今回は標準的なコース「華」を選択。「風」3,000円増、「月」5,000円増も用意（予約時に選択）。

宿泊は７月。「大野瀬戸夏の味覚」がテーマだそう。まずは「前菜」から。

「石焼き」は季節に応じて２つの味が登場。「伊佐木熱々」と「はも熱々」。

温泉は残念ながら循環式

庭園でお決まりの記念写真を撮って、館内を探検して、気が付くともう18時。夕食は19時30分にお願いしたから時間があまりない。ということで、浴場へ。

建物も調度品も本物だけど、残念ながら温泉は〝本物〟ではない。いや、もちろん本物、正真正銘の天然温泉なのだけど、いかんせん共同源泉からの給湯量が少ない。ということで湯船は循環式。温泉ファンとしてはちょっと残念だ。でもまぁ、湯量が足りないのだから仕方ない。もちろん「湯量に見合った浴槽を」という考え方もあるけれど、湯の質を追求した狭い風呂より、広い風呂を求めるお客さんも多いに違いない。そもそも石亭に皆が求めているのは源泉かけ流しの温泉ではないのだから。

とはいえ、全面に檜板が貼られた内湯は、檜の香りが充満していてけっこう快適。ラウンジでは生ビールのサービスもあって、マイナス部分をカバーしている。

「普通に美味しい」が最大の賛辞?

さていよいよ夕食。ここ石亭は料理の質の高さでも人気なのは冒頭に書いた通り。旅館の料理がどこもかしこも宴会料理だった時代から、オリジナリティある料理を出していたのが、今日の評価につながっている。

仮に石亭が関東近県の宿だったら1万円高くてもまだ安い。

「吸物　枝豆摺り流し 海老糝薯 薄菜 木の芽」。夕食は食事処 or 客室で。

「造り」。鯛洗い、車海老、太刀魚焼き目など。「風」と「月」はおこぜが登場。

「煮物　穴子 茄子利休掛け 管牛蒡 隠元豆 蛇の目人参 実山椒 友地餡」。

「焼き物　すずき蓼酢焼き 蓮根 はじかみ 笹蓼」の後に箸休めが続き……。

手前は「強肴」。めばるの煮付けと冬瓜。奥は「酢の物」。あわびのゼリー酢。

もともと石亭は宮島口にある「あなごめし うえの」が母体。創業明治34年、「あなごめし」は駅弁として誕生し、やがて不動の人気を得るに至った。

その名物穴子と、同じく広島名物の牡蠣を中心にした会席は、万人に好まれる内容。ここ数年、高級旅館の料理が飛躍的に向上したことを考えると、正直言って今となってはそれほどインパクトはないけれど、まだまだ旅館の料理界では指折りであること間違いナシ。宮島という土地柄、老若男女、いろいろな趣向と目的を持った人が訪れる。それに対して、誰が食べても平均点以上を付ける内容を提供することは容易ではない。同行した編集部Yは「普通に美味しい料理だよね。べつになんてことはないのだけれど」と言っていたけれど、それこそが最大の賛辞なのかもしれない、料理を食べ終えてふっと思った。

やっぱりコストパフォーマンス

翌朝はいつもよりちょっと早起きすることにした。なぜって、チェックアウトが10時だから。早く起きればチェックアウトが遅いのと同じ時間を優雅に過ごすことができる。逆転の発想。

目覚めとともに仲居さんがジュースを持ってきてくれる。階下のラウンジに行けばエスプレッソのサービスもあ

ラウンジでは夜のおやつとお茶のサービスも。アルコールももちろん用意。

腹ごなしにお庭を散策。「凡々洞」横の「吸吐（すうぱあ）文庫」へ。

デザートは「冷やし汁粉」（奥）とアイスクリーム２種。もう食べられない！

名物「あなご釜焚き」、止椀（赤だし）と香の物で締め。く、苦しい……。

全室でインターネット接続OK（無線LAN）。メールをチェックして、就寝。

夕食で食べきれなかったあなごご飯はおにぎりに姿を変え、夜食に登場。

「床下のサロン」。別名「ライブラリーサロン」。各種酒を用意。１杯1,000円。

る。ジュースをグビッと飲み干し、部屋を出て、庭へと出れば、それは清々しい朝だった。部屋に戻って一度も使わないのはもったいない（貧乏性か？）、と部屋の風呂に湯をためて朝風呂を楽しんだのだけれど、これがまた最高だった。浴槽の脇の窓を開けるとまるで露天風呂。宿には申し訳ないが、木の浴槽にためた湯は大浴場の内湯や露天風呂より肌触りがよく、思わず長湯をしてしまった。

そして朝食。夕食と同じく、これといった特徴はないけれど、どれを食べても普通に美味しい。ゆったりした時間を満喫していると心が満たされてくる。

さて。最大のウィークポイントを冒頭で書いたけれど、実はこの宿に、それ以外のウィークポイントはまったく見当たらない。「温泉が」と思う人もいるだろうけれど、「源泉かけ流しが絶対条件」という人はそもそもこの宿を選ばないだろう。「料理がそれほど」と感じる人がいるかもしれないけれど、それは会計時に「これなら満足」と変わるはずだ。なにしろ２名時で２万８５００円～。今回は広めの「芭蕉」で３万４６５０円。これでこの内容なら、文句を言う方がお門違い、といったところだろう。

「きっと関西のお客さんが多いから、コストパフォーマンスが重要視されるんでしょうね。関東の宿だったらチェッ

庭園の宿　石亭

【広島県・宮浜温泉】

超私的評価

★★★☆☆

★ まあ悪くないかな
★★ けっこういい、悪くない
★★★ かなりいいじゃない！また来たい！
★★★★ もう最高！文句なし！
★★★★★ これは日本有数のレベルですよ

本当は朝寝坊なもので……

個人的にはどうしてもチェックアウトの時間が早すぎる。それを除けば「もう最高！文句なし！」なのだけれど……。レイトチェックアウトプランを選べば12時アウトだけど、＋3,150円なのでこのあたりが微妙。「また来たい！」の３つ星。

■ 温泉 ★☆☆☆☆

循環式だけど、檜の香りが清々しいので★ひとつ。

■ 料理 ★★★☆☆

旅館の料理としては、いまだ最高峰の部類。とはいえ、もうちょっと進化してほしい、というのも本音だったりする。十分美味しいのだけれど。

■ 風情＆ロケーション ★★★★★

主のセンスの良さが他の高級旅館とは格段に違う。「東のあさば、西の石亭」といったところか。これ以上の宿といえば、京都の俵屋旅館くらい？

■ 接客＆サービス ★★★☆☆

接客は高級旅館のそれ相応といった感じ。

■ コストパフォーマンス ★★★★★

庭や建築、家具に興味のある人なら、コストパフォーマンスは間違いなく５つ星に感じるはず。旅館としての質は極めて高く、対する料金は割安。この不景気に予約が取れないのもうなづける。

こんな人におすすめ！

なにより先に、庭好き、建築好き、家具好きにおすすめ。また各所に作られた隠れ家空間は男性の心を掴むので、父の日の家族旅行にも最適。宮島観光が目的で「早くチェックアウトし、宮島へ」という人にも最高の宿。

こんな人は行ってはダメ！

最も向いていないのは、ラブラブな時間を過ごしたいカップルや大画面テレビを求めるテレビっ子。温泉の質を求める人、接客に完璧を求める人にも向いていない。旅館で朝寝坊してのんびりしたい人にも不向き。

モーニングコール（訪問＆布団上げ）とともにリンゴジュースを配達。

6:30 翌朝

パブリックスペースが大充実の宿。居心地も良く、もっともっと楽しみたいのだけれど、残念ながら時間切れ。やっぱりレイトチェックアウトプランを選べば良かった？

朝食は１番遅くて9:00〜。ラウンジではコーヒーやジュースをサービス。

クイン・アウトに余裕を持たせて最初から1万円乗せるでしょうから」とY。

たしかに石亭が関東近県にあったなら4万5000円でも不思議ではない。

自遊人の宿大賞で上位の宿はどこもコストパフォーマンスが高い。改めて実感した旅だった。

覆面後日談：この原稿を書き終わってから、なんとチェックイン・アウトの時間を延長したとの情報が届いた。インは15時20分、アウトは10時20分。たった30分だけど、これは大きい。努力にも感服。

料理は別次元。日本最強の温泉宿。

ホテルリッジ

【徳島県・鳴門市】

数年前、「富裕層向け」と呼ばれる宿が何軒もオープンしたけれど、内容が伴っていたのはわずか。ここ『リッジ』は価格以上の価値がある貴重な宿だ。

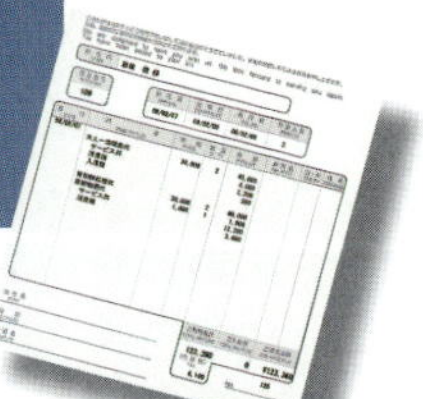

1泊2食　**46,350円～**

2008年２月７日（木曜）に２名で宿泊。１泊朝食が２名で46,500円、青柳での食事がお酒一合（1,260円）含んで76,860円。バーでのグラスワイン１杯1,870円等、あわせて125,631円だった。１泊２食46,350円～、１泊朝食29,025円～。（税・サ・入湯税込）住 徳島県鳴門市瀬戸町大島田字中山1-1　電 088-688-1212　食 夕食：ダイニング、古今　青柳・朝食：ダイニング　♨ 単純温泉（成分総計0.72g/kg）、男女別内風呂各１、男女別露天風呂各１　施 和室４、洋室６（全BT付）　🕓 イン15:00／アウト12:00　交 電車 徳島駅からタクシーで約45分、鳴門駅からタクシーで約20分。送迎有（要相談）　車 神戸淡路鳴門自動車道の鳴門北インターから鳴門海峡方向（左折）約10分

全貌がまったく見えない謎の複合施設。

「一度行ってみたい」

オープン当初から思っていた宿だった。徳島には「青柳《あおやぎ》」という名料亭があったのだが、その名亭が「古今《こきん》 青柳」と名を変えて、このホテルに移転したと聞いていたからだ。

ところがホテルのサイトを見ても全貌がまったくわからない。どうやら『鳴門《なると》パークヒルズ』という複合施設内に、『ホテルリッジ』や「古今 青柳」がある、ということはわかるのだけど、その先が謎なのだ。複合施設ということはホテルは鉄筋コンクリート造の大箱なのだろうか？ 食事場所は「古今 青柳」「ダイニング」「カリフォルニアテーブル」と３つもあって「バー&ラウンジ」もある。さらにスパもあるようだし、小さな宿とは思えない……。でもサイト上に客室数は10室とある。はて。

しかもこの宿、雑誌にもほとんど情報が出ていないのだ。こうして２００６年夏のオープンから１年以上が過ぎ、忘れかけていたとき、クレジットカードの請求書とともにこの宿の案内があった。この機会に行ってみようじゃないか。デジカメ片手に徳島へ飛んだ。

青柳で食事して１泊２食６万円

さっそくカード会社に電話して予約してもらう。通常はホ

テルのダイニングでフレンチの夕食だそうだが、青柳で食べないのなら行く意味がない。すると……。

「青柳でお食事される場合は、1泊朝食が2万3250円、これとは別に青柳の夕食代がかかります。2万円、2万5000円、3万円とあるようですが、いかがなさいますか?」

「違いはなんでしょう?」

「詳しくは現地からお電話させますのでよろしいでしょうか」

そして3分後、青柳からの電話が鳴った。

「品数は変わりませんので料金は材料の違いです。鯛を中心にしておりますので鯛の違いと思っていただければ……」

こう言われたら3万円で頼む以外に選択肢はない。

「いい鯛を仕入れてお待ちしております」

ちなみに青柳はサービス料20%と消費税が別途だそうだから3万7800円。合計すると6万円強の宿を予約したのと同じことになる。

悲しい雰囲気漂う風景を抜けて……

徳島空港からはレンタカーを利用した。カード会社に確認したのだけれど送迎はないという。電車やバスもまったくないそうで、「タクシーがおすすめです」と言われたが、片道30分というからおそらく7~8000円はするだろう。となると、やはりレンタカーがオトクだ。

15:00 チェックイン

送迎はない上にバスなど公共交通機関でもアクセス不可。仕方なく徳島空港からレンタカーを利用することに。空港から約30分、途中、小鳴門海峡を越えて。

突然現れる看板。駐車場では男性スタッフが到着を待っていた。

笑顔のカワイイ女性スタッフがお出迎え。さっそく、客室に案内。

駐車場の目の前が客室棟。全室鳴門大橋を望むオーシャンビュー。

客室は離れ風に独立し、それぞれエントランスがある。正面に海。

洋室6室、和室4室。どちらも宿泊料金は同じ。今回は洋室に宿泊。

ドリンク類は当然(?)大塚製薬グループの商品が中心。水は無料。

内風呂。「和室の内風呂は景色が眺められる造りなんですよ」。

ホテルへのアクセスは鳴門スカイラインを通っていくのだけれど、周辺はかなり悲しい雰囲気が漂っている。おそらく30年くらい前までは賑わっていたのだろう。途中にはそれらしき建物の廃墟が残っている。景観はいいのだけれど、なんだか気分が暗くなってくる（途中、場末のラブホテルもあったりして……）。すると突然視界が開け、立派な看板が現れた。そういえばもともとこの場所には『ホテル南海』という施設があったそうだ。そのホテルを地元出身の大企業である大塚製薬が買い取って、『鳴門パークヒルズ』を造った、と人づてに聞いていた。

ここから先は別世界に変わった。道路の舗装も良くなり、下草も刈られている。そして3分もすると駐車場に到着した。寒風吹き荒れる駐車場で車の到着を待っていたのは男性スタッフ。すぐに女性スタッフも出てきて、荷物を運んでいく。

で、思った。あれ？ 思っていたよりずいぶん小さな施設だ。かなりの大型施設を想像していたがまったく違ったのだ。

ただし、決して悪い印象を抱いたのではない。むしろ、かなりの好印象。海に向かって離れ風の平屋が並び、渡り廊下がそれぞれを結んでいる。右手にスパ棟、左手の山の中に古今青柳が見える。景観と調和した、けっこういい施設じゃないか。

広大な施設を貸切！

チェックインは客室で行う。客室の広さは60㎡くらいだろ

1泊朝食＋青柳の夕食は6万円強。果たしてその価値はあるのか？

18:00
夕食

当日の急な時間変更にも快く対応。さっそく「古今 青柳」へ。料亭らしく夕食のラストオーダーは時間を定めていないよう。客室から青柳へはホテルの車で移動。

内風呂から景色が見えない代わりに（?）、洋室は小さなテラス付き。

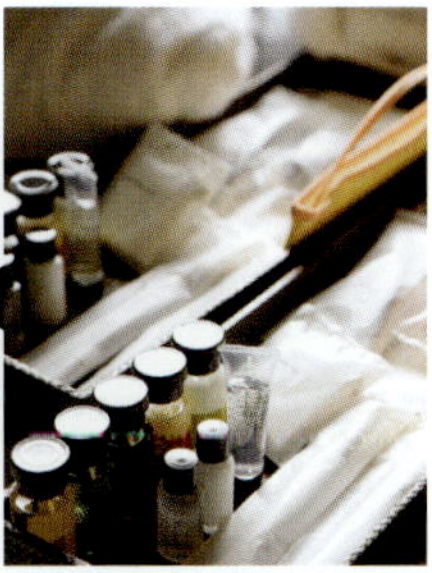

アメニティは男女共通で必要十分。化粧品類はクラシエのもの。

個室のほかリーズナブルなコースを楽しめるテーブル席「膳所」も。

凛とした空気が漂う正面玄関。背筋がピンと伸びる独特の雰囲気。

うか。内装材はそんなにいいものではないけれど、自然素材を多用して上品にまとめられている。ちょっとチープな気がしないでもないが、最近オープンした宿では標準的だろう。

2人客専用の宿ながら客室露天風呂を作らなかったのは〝あえて〟だろうか。その証拠に客室の風呂はかなり広くて快適。露天にしようと思えばいくらでもできたはずだが、上質な雰囲気を保ちたかったのだろう。その選択はおそらく〝正解〟だ(そのかわりお客さんが少なそうだ)。

ひと通りの説明を受けて、食事時間の確認。

「古今青柳でのお食事は19時からでよろしいでしょうか?」

「バーは22時まで、温泉は23時までって話でしたよね。だとすると食事を19時スタートだと終わりがきっと22時だろうからバーに行けませんね」

「そうしましたら、お食事の時間を少し早めましょうか?」

「じゃあ18時からにしてください」

案内の女性も美人で感じが良く、いい宿の予感……。

「今日は何組泊まっているんですか?」

「本日は岩佐様のみでございます」

おおおぉ! この空間を貸切だ!

料理は言葉で表現できない……

食事の時間がやってきた。客室から高台の「古今 青柳」

通されたのは広い広い個室「万里荘」。窓の外は絶景！だが夜。

1品目から驚きの美味しさ。クルマエビの上品な甘みが染みわたる。

名物「文箱八寸」。16種の美味詰め合わせとからすみ大根(奥)。

大きくて柔らかい白魚が主役のお吸い物。木の芽の香り高さに感激。

お造り1品目は鯛。鳴門の決まった漁師から仕入れているそう。

お造り2品目はほどよいねっとり感のアオリイカと炙りマグロ。

煮穴子の握り風。握ってないので、穴子のフワフワ感を楽しめる。

まではホテルのシトロエンが送迎してくれる。歩くようなゆっくりしたスピードで玄関前へ。

おおおぉ！　こりゃまたホテルとは違った別世界だ。

何が違うって、まず建物の格が違う。そして玄関からはオーラのようなものが漂っていて（これ、本当！）空気も違うように感じるのだ。とはいえ、肩肘張った堅苦しさを一切感じないのは海を望む森の中という環境にあるからだろうか。

通されたのは「昼間なら正面に鳴門海峡を見下ろすんですよ」という、青柳でいちばん広い部屋。さすがにこの空間に2人は広すぎる気もするけれど、ありがたく歓待を受けることにしよう。それにしても素晴らしい建物だ。新しい材で建てられているようだが、その材も技術も素晴らしい。

料理もそこいらの高級旅館とはまったく格が違っていた。「旅館料理云々」なんてレベルの低い話はする気にもならない。なぜならあまりに美味しすぎるから。出てくる料理、すべてが言葉で表現できないほど美味しい。とくに名物だという鳴門鯛の「淡々《たんたん》」は、無言でしゃぶりつくしたのだった。

「食べ物でこんなに幸せになったの久しぶりです」と編集部Y。

「前号の取材でミシュランの星付き店、食べまくったじゃない。それより幸せだね」

「やっぱり凄いですよ。青柳って」

旅館料理とは別次元。青柳貯金してでもまた来たい。

鯛を絶妙な具合で煮付けた「淡々」。無言でスープまで飲み干す。

煮物椀。酒も進んで２合目を注文。ぬる燗の具合も悪くない。

主役は牛肉だが、食いしん坊の取材班は付け合わせの空豆に興奮。

土鍋で白米が登場。目の前で給仕してくれる。米は徳島産。

お腹いっぱいのはずが、ご飯は２膳いただき、味噌汁・漬け物まで完食。

デザートは別腹！　苺の酸味がふくれた胃を静めてくれる。幸せ！

「料理からオーラが出ている感じだよね」

「これからの季節、鯛ってもっと美味しくなるんですよね。そしたらどういう世界になっちゃうんでしょう」

「青柳貯金してでもまた来たいね」

たしかに3万7800円という食事代は目の玉が飛び出るほど高いけれど、これだけ感激できる料理はそうはない。世の中「高くて美味いはアタリマエ」ではないのだ。カード会社のCMではないけれど「お金で買えない価値がある」料理と言っても過言ではないだろう。

これまた意外によかった温泉

食後はバーに立ち寄ってからスパへ。この施設内には男女別の露天風呂付き温泉浴場がある。成分分析表によれば「単純温泉」なのだが、湯口の源泉を口に含むとかなり鉄分が強い。温度維持のため循環しているようだが、湯船のお湯はほとんど源泉かけ流しで、びっくりするほどいいお湯だった。

しかも、バーも、スパも、スタッフの対応が自然体ですこぶる気持ちいい。美味しいものを食べて、食後に美味しい酒を飲んで、いいお湯に浸かって、潮風を浴びて……あぁ、本当にいい宿だなぁ……。

これこそ日本一の朝食だ！

そして翌日。あとは朝食を食べて、風呂にもう一度入って、

締めは名物「満腹鯛」。モチモチした不思議な食感。クセになる味。

21:00
バー

ちなみに配膳係の女性は気さくで美人だった。気の付き方などは旅館の仲居とは別次元。幸せ気分のままホテルの車でバーへ。バーの利用は宿泊者限定で、こちらも貸切。

バーにしては明るく、健康的な雰囲気。グラス赤ワイン1,870円

スパに寄って部屋に戻ると23:00。宿に泊まる醍醐味、ばたんきゅー。

SONIA RYKIELのパジャマ。着心地は良いがサイズは大きめ。

7:00
起床

客室にテレビやCDプレイヤーもあったけれど利用せず。ソフトの貸し出し案内などは特になかった。LAN接続はもちろんOK。ベッドは寝心地満点だった。

全室、２名定員。３名以上の場合は複数客室を利用するしかない。

チェックアウトするだけと思っていたら、びっくりするオマケがついていた。それが朝食。写真ではなんてことない朝食に見えるかもしれないけれど……これがまたすごいのだ。例えば最初に出てくる12の小皿。見栄えを狙っただけのものではない。もちろんできあいなんかであるわけがない。そのどれもが手の込んだ〝料理〟なのだ。

さらに「小鯛でございます」と出てきた塩焼きの鯛。

「えっ? これが小鯛?」と顔を合わせるほどの大きさで、この鯛がまた涙が出るほど美味しいのだ。

「関東に住んでいると魚といえばマグロじゃないですか。でも関西で鯛が大切にされる理由がわかりました」

「鯛の尾頭付き、とはよく言ったものだよね。このチーズにも似たコクとうま味、こりゃあいったいなんなんだろう」

食事を終えたら、なんと2時間も経っている。この朝食は絶対に日本一。これなら1泊朝食2万3250円は安い!

もう一度泊まりたい? と聞かれれば

青柳はあくまでホテルリッジとは別の施設という位置付けだが、青柳の食事とホテルリッジの宿泊の組み合わせは間違いなく日本最強。食に関してこれだけ高い満足度を提供できる〝温泉のある宿泊施設〟は日本に存在しないし、今後も現れないだろう。それだけ青柳のレベルは高いし、真似しようと思っ

夕食だけでなく朝食も凄い! ここは日本最強の温泉宿だ!

居心地の良い休憩処。エステはフェイシャル60分12,600円〜。

宿泊者は24:00〜翌7:00を除き自由に利用できる。タオルも用意。

エステでもある「The Spa」。エステは宿泊者以外の利用もOK。

ダイニングまで遊歩道も整備されているのだが、横着して車で。

海を望むテラスも。暖かいシーズンは最高に気持ちが良いはず。

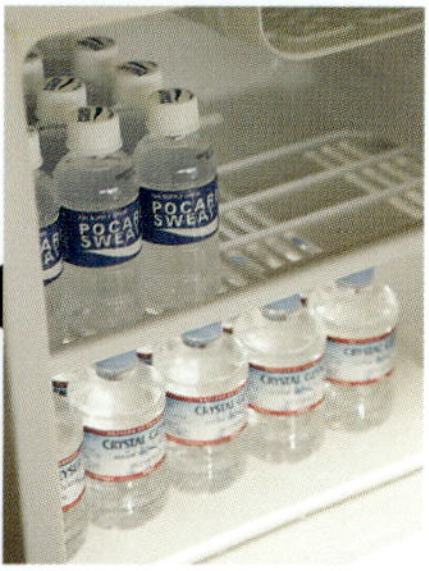

休憩処ではクリスタルガイザーとポカリスエットが。無料。

て真似できるものでもない。

さて、もう一度泊まりたいか、という結論だが、これはもう「もちろん！」。確かめてみたいこともある。複数の人から聞いた話なのだけれど、ホテルのダイニングで食べるフレンチがまた美味しいらしいのだ。青柳が監修しているというのだからきっと本当なのだろう。しかもダイニングでの夕食を選択すれば、料金は1泊2食4万円強と手頃だ。

あまりに誉めすぎなので最後に……

ここまで読んで、そんなに絶賛して、大塚製薬から広告料金でももらっているんじゃないの？　と思った読者の皆さん、そんなことはありません。

むしろ実は、自遊人の宿大賞で自分の推薦宿として1票を投じたいと思って大塚製薬の広報に連絡してみたら……。

「化学調味料のこととか、源泉のこととか、自遊人はかなり細かいですよね。今回の掲載は辞退させていただきます」

実は、自遊人は食品メーカーからあんまりよく思われていない。ずいぶん前から化学調味料や添加物のことを書いているし、その論調はけっして肯定的ではない。だから食品メーカーから一度も広告が入ったことはないのだ。でもなぁ。個人的には大塚製薬、好きなんだけどなぁ。山ではいつもカロリーメイトとポカリスエットだし、水はいつもクリスタルガイザーだし。

ふわふわ卵焼き、煮物、シラスチリメン……。目が覚める美味しさ。

ダイニングの建物は、旧財閥の別荘を箱根から移築したもの。

9:00
朝食

朝食はダイニングで、青柳プロデュースの贅沢ごはん。夕食のフレンチも青柳プロデュース（噂によるとこちらも相当美味しいらしい）。連泊したくなってきた。

水菓子はリンゴの千切り（？）をカスタードソースと合わせて。

鳴門若布の味噌汁。白米かお粥を選べる。両方食べても大丈夫。

「炭火でしっかり焼いた鳴門の天然小鯛」。皿からはみ出す大きさ。

一目惚れの子に思い切ってラブレターを書いて、あっさりふられた思春期の頃をふと思い出したのだった……。

覆面後日談：約1年後、青柳での味が忘れられずにもう一度宿泊した。するとチェックイン時に支配人が「自遊人の岩佐様ですよね」と、話しかけてくるではないか。「勝手に載せて！」と怒られるのかと思ったら、「あのあと何人も自遊人を見てお客さんがいらっしゃって」。この瞬間、片思いは解消したのだった。ちなみに唯一の不満と書いたチェックアウトの場所は、新設のレセプションに変更。送迎のシトロエンはリムジンに変わり、ますます快適になっていた。

12:00
チェックアウト

ほぼ完璧だったホテルリッジでの滞在。唯一の不満はスパ受付でのチェックアウト。※再訪した際にはチェックイン・アウトのためにレセプションが新設されていた。

ふと時計を見たら11:00。どうやら2時間も食べていたらしい。

※これが再訪時に新設されていたレセプション。下はレセプション内部。

チェックアウトはスパの受付で。迎えとともに徒歩で移動する。

ホテルリッジ

【徳島県・鳴門市】

超私的評価

★★★★★

★まあ悪くないかな
★★けっこういい、悪くない
★★★かなりいいじゃない！また来たい！
★★★★もう最高！文句なし！
★★★★★これは日本有数のレベルですよ

食いしん坊ならば一度行かねば！

食いしん坊の私にとっては「こんな宿があったらいいな」という理想型に近い1軒。難点は、徳島にある、ということ。でもケタ違いの満足度。青柳での食事を選択すると料金もそれなりだが、それに見合った（それ以上の）満足度を得られるはずだ。青柳は東京にもあるが、なぜか徳島のほうが断然美味しく感じる。材料はまったく同じらしいのだけど。

■ 温泉 ★★☆☆☆

スパ棟に男女別の露天風呂付き浴場がある。温度管理のため循環はしているものの、ほぼ源泉かけ流し。鉄の臭いがするいいお湯で表記だと単純温泉だが泉質は違うような気が……。かなりいいお湯でびっくり。

■ 料理 ★★★★★

青柳での夕食はもちろん、ホテルの朝食も素晴らしい。これだけ朝晩、幸せにしてくれる宿は「日本でココだけ！」と断言できる。ちなみに通常の１泊２食はホテルのダイニングでフレンチの夕食。これがまた美味しいらしい。

■ 風情＆ロケーション ★★★★☆

道のりの風景はイマイチだけど、鳴門海峡を望む宿の建つ環境は素晴らしい。ちなみに内装は可もなく不可もなく。1泊朝食２万円強と考えれば悪くないだろう。

■ 接客＆サービス ★★★★☆

ちょっと田舎っぽいところもあるが、一生懸命で感じも良い。

■ コストパフォーマンス ★★★☆☆

高くても、わざわざ行く価値がある貴重な宿だ。

こんな人におすすめ！

本当に美味しい料理を食べて、そのまま余韻に浸りたい人に。青柳の夕食はけっこう値が張るけれど、その価値は十分すぎるほど。他の宿では絶対に味わえない。

こんな人は行ってはダメ！

酒を飲んで大騒ぎしたい人。カラオケを歌いたい人。「高い金払ってるんだから、あれしろ、これしろ」とワガママを言いたい人も行かない方がいい。

自家菜園と田んぼを持つリゾートホテル。

二《に》期《き》倶《く》楽《ら》部《ぶ》

【栃木県・那須町】

なんと敷地内に無農薬栽培の自家菜園と田んぼを持っている『二期倶楽部』。野菜中心の「SPA CUISINE」も美味しいと評判だ。

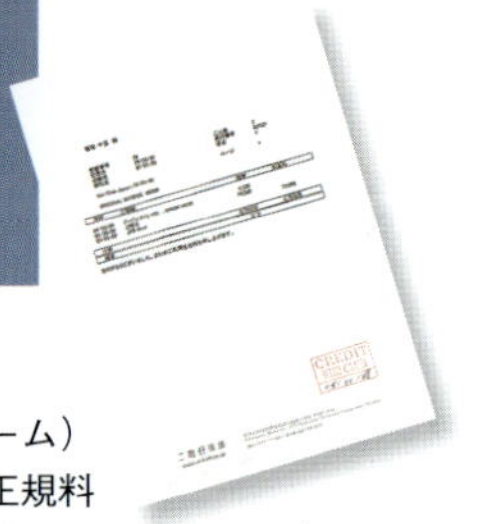

１泊２食　34,150円～

2009年４月30日（GW中の平日・木曜）に東館パビリオン（ツインルーム）に２名で宿泊し、１泊２食37,150円（ネット限定プラン使用）。正規料金は50,150円。５～６月の平日は44,150円、夏のハイシーズン特定日は56,150円。本館は冬季の最低料金が34,150円、５～６月の平日で37,150円～、ハイシーズン特定日49,150円～（税・サ・入湯税込）住 栃木県那須郡那須町高久乙道下2301　電 0287-78-2215　食 夕食・朝食：レストラン　♨ ナトリウム塩化物泉／カルシウム・マグネシウム硫酸塩泉ほか（成分総計 本館1,103g／kg、東館3,158mg／kg）、内湯、露天風呂付内湯、露天風呂（男女別各１）施 本館17室、東館24室（すべてBT付）　イン15:00／アウト12:00　交 電車 東北新幹線那須塩原駅からシャトルバス（要予約）約25分　車 東北自動車道那須ICから約15分

お寒い日本のリゾート事情

日本に「リゾートホテル」と呼べる宿は数少ない。とくに山岳、高原リゾートはひどい。名前こそ「なんちゃらリゾート」とついていても、単に施設がドでかいだけで、ファシリティはスキーロッジに毛が生えた程度のもの、ってことがほとんどだ。あくまで個人的な見解だけれど、日本で「リゾートホテル」と呼べるのは、老舗では『上高地帝国ホテル』、軽井沢の『鹿島《かじま》ノ森』、新しい宿では『星のや軽井沢』、そして那須の『二期倶楽部《にきくらぶ》』くらいではないだろうか。『八甲田ホテル』や『ウインザーホテル洞爺《とうや》』『中《ちゅう》禅寺《ぜんじ》金谷《かなや》ホテル』『万平《まんぺい》ホテル』あたりもいいけれど、海外リゾートと比べると、どうしても見劣りしてしまう。

で、今回紹介するのは『二期倶楽部』。１９８６年、６室の小さなホテルとして開業した後、１９９７年に本館12室を新設。そして２００３年にはテレンス・コンラン卿プロデュースの東館、24室をオープンさせて話題をさらった。さらに二期倶楽部と言えば野菜。なんと敷地内に自家菜園と田んぼを持っているのだ。果たしてその料理はどんな味なのか、デジカメ片手に旅に出てみた。

東館か本館か、この選択が重要

予約したのは東館。本館と東館は隣接しているものの、

エントランスもレセプションもレストランもすべて別。晴れていればふたつの敷地を行き来するのも楽しいけれど、雨が降っている時などは大変。なので、どちらを予約するか、よーく考えなければならない。

今回は編集部Ｙの「泊まるならコンラン卿プロデュースの東館」というひと言で東館に決まった。二期倶楽部が女性に人気の理由に「コンラン卿プロデュース」というフレーズがある。オーベルジュの先駆けであり、しかもビッグネーム。このほか、二期倶楽部は時代の先取りが得意で、１９９７年にはアロマトリートメントサロンを併設。スパを取り入れたのも早かったし、野菜中心の食事も早かった。

ま、それはさておき、その東館にはスタンダードツイン、メゾネット、露天風呂付きのメゾネットスイートの３タイプがある。さてどのタイプを予約するか、なのだけれど、これが例によって複雑。最近、大規模な施設ほど、自前のプラン、ネット代理店用、カード会社用などを次々複雑につくるものだから、どれが同じで、どれが違って、はたまたどれがトクなのか、それともオトクに見えるだけで客室が劣るとか、料理が違うとか。とにかくまったくわからないのだ。

こういうときはホテルに電話してしまうしかない。で、

那須ICから賑やかな那須街道を抜け、田んぼの中を約20分のドライブ。

15:00 到着

「にき倶楽部1986（本館）」と「NIKI・CLUB&SPA（東館）」からなる二期倶楽部。今回は「明るくモダンな雰囲気」な東館に宿泊。食事は事前に「野菜を多めに」とリクエスト。

東館エントランス。本館とはエントランスから別で、雰囲気も異なる。

スタッフに案内されてレセプションへ。ちょっと手際が悪いかな、と。

チェックインしつつ食事の相談。「肉と魚は少なめでご用意しますね」。

冷たいハーブティーをいただきながら簡単に施設の説明を受ける。

一度外に出て、雑木林を抜けると宿泊棟が並ぶ「パビリオンコート」に。

わかったのはネット限定プラン「スパキュイジーヌエクスペリエンス／パビリオン」７万４０００円（1泊2食2名分）がいちばんオトクだということ。電話で同じ内容を申し込むと９万９６３０円だそうだ（※プランはこの日にあった設定、料金）。客室はスタンダードツインで49㎡。本当は68㎡のメゾネットタイプにしようと思ったのだけれど、価格は11万８１１０円。こりゃあ、ちょっと高い。

よく言えば「フレンドリー」な接客

ホテルは別荘地の外れ、かなりわかりにくい場所にある。ナビは那須街道からはずれて農道のような細い道を通るように指示していた。

「えっ？ あれ？ 本当にこっちでいいんですか？」とY。

道の両側には田んぼと民家が並び、リゾートという雰囲気にはほど遠い。が、ほどなくして左手に明らかにそれとわかるエントランスが現れる。緩やかな坂を上るとすぐにレセプション。玄関前に車を停めてしばらくすると、スタッフがのんびりこちらに向かってきた。

高級旅館やホテルでは、車が着く前から待ち構えていたり、停まるやいなやスタッフが駆けてくる宿がほとんどだけれど、ここはかなりのんびりした感じ。で、チェックインのやりとりで思った。なるほど、ここは自然体の接客を

成熟度の高まった本館か。コンラン卿プロデュースの東館か。

「パビリオン」と呼ばれる平屋タイプのスタンダードツイン。約49㎡。

リビングとベッドはデスクで間仕切り。テレビ、ビデオ、DVD、LANあり。

客室に入ると手前にベッド、その奥にリビングが。全室にテラス付き。

トイレ＆バス。客室や廊下はもちろん、こちらも床暖房。ぬくぬく♡。

アメニティは松山油脂の自然派コスメブランド「MARKS&WEB」で統一。

目指しているんだと。良くいえば「フレンドリー」、悪くいえば「間が悪い」。スマートかつ自然な接客って、本当に難しい……。

築6年にしては傷みが目立つ東館

ハーブティーをいただいたらさっそく客室へ。東館は「パビリオンコート」と名付けられた中庭を中心に、平屋の客室とメゾネットの客室をひとつのユニットにしたコテージが並んでいる。その雰囲気は悪くないのだけれど、客室によってはテラスが中庭を向いている。ということは、中庭を通る人から丸見え。敷地は広いんだからなんとかならなかったのだろうかと思ってしまう。でも、きっとこの集合住宅的な見え方（＝都会的でモダンな雰囲気）がコンラン卿の意図したものなのだろう。こんなことを書くと多くの二期倶楽部ファンに「わかってない」と怒られそうだけれど、個人的には「イマイチだなぁ」と感じた。

そしてコンランショップがそのまま移転してきたような客室内部は、想像していたより傷んでいた。2003年築だからまだ6年しか経っていないのに、壁や家具に傷みが目立つ（※2010年3月のリニューアルで修復済み）。シンプルだからこそ本来は素材感が重要なはずなのだけれど……その素材感も今ひとつなのだ。センスはいいけれど、

ウエルカムスイーツ（メッセージ付き）はあらかじめリビングテーブルに。

冷蔵庫の中身はこんな感じ。缶類・ペットボトル類は無料、瓶類は有料。

17:00 散策

エントランスは別だが敷地は一体。東館、本館、どちらの宿泊者もすべての施設を利用できる。本館は歩いて3分ほど。敷地を一周できるように遊歩道が設けられている。

東館から本館への最短ルートは敷地北側の橋を渡って。かなりいい雰囲気。

1986年開業の本館。6室でオープンし、リニューアルを経て現在17室。

本館レセプション。東館とは雰囲気がまったく異なり、重厚感がある。

二期倶楽部といえばこの風景。開業から20年以上経ったが、風格が増している。

ホテルと考えると悩んでしまう（家ならいいけど）。いちおう、私は美大でインテリアデザインを専攻していたのだけれど、この良さがわからないのは、成績が悪かったからだろうか……。

コンラン卿よりロケーション

一方、築年数の経つ本館は経年美化の領域に入りつつある。客室内がどんな状態かはわからないけれど、この成熟度は本当に素晴らしい。大谷石《おおやいし》をふんだんに使った建物は築20年以上ということを感じさせないし、むしろ風格を増している。やはり個人的には本館のほうが好きだ、と思っていたら「なんか、こっちのほうがいいですね」とY。

本館の客室は35〜38㎡前後と東館より狭いけれど、その分価格も安いのだ（※２０１０年3月にリニューアル。35〜80㎡になった）。

もちろん東館も決して悪いわけではない。ただコンラン卿云々をあんまり期待しすぎると、がっかりしちゃうかもね、ってことだ。

そんなことより、ここはなによりロケーションが素晴らしい。特徴はこの敷地にこそあると思う。4万２０００坪あるそうだけれど、森あり、せせらぎあり、池あり、畑あり、田んぼあり、露天風呂あり……。それらを遊歩道がつ

4万２０００坪の敷地には、森あり、せせらぎあり、田んぼあり。

本館レストラン「ラ・ブリーズ」。ディナーは外来利用もOK。要予約。

格調高いホール。ここで会議をしたら、いいアイデアが次々出そうな気が。

本館の内湯。含硫黄-カルシウム・マグネシウム-硫酸塩・炭酸水素塩泉。循環。

渓流ではヤマメやイワナ釣りも楽しめる。釣り竿のレンタルもある。

高台にぽつんとある男女別露天風呂。本館内湯と同源泉。循環だが快適。

さらに露天風呂から遊歩道を進むと田んぼが現れる。奥に見えるのが東館。

ないでいて、その全体が二期倶楽部ワールドを醸し出している。とくに中央に大きな田んぼがあるのが個性的。海外のリゾートをそのまま模倣するのではなく、「日本らしくするにはどうしたらいいか」徹底的に考えられている。日本のリゾートホテルとしては画期的な空間なのだ。

食事をしたら好感度急上昇

さて今回の覆面取材、そのメインイベントは夕食だ。「SPA・CUISINE」と名付けられたコースは、ホテルによると「那須高原の安全安心なオーガニックと無農薬野菜を主体に、心と身体に優しいヘルシーでアンチエージングの美味しい料理」だそうだ。でもこれだけではよくわからないので、予約時に根掘り葉掘り聞いたところによると、要は「野菜中心のコース料理で、魚と肉料理も出るけれど、野菜が豊富でバランスがいいからローカロリー」ということらしい。ちなみに野菜は敷地内の自家菜園「キッチンガーデン」で、しかも無農薬で作っているものを中心に使うという。

で、そのお味は……。結論から言うと「かなり満足」。

「自家製野菜が自慢です」という宿にはずいぶん泊まったけれど、サラダにちょろっと使われているだけとか、そのサラダに化学調味料たっぷりのドレッシングがかけられ

東館横の自家菜園。畑とハウスがある。ハーブや野菜を他品種生産。

東館・スパ横のくつろぎスペース。水のペットボトルが用意されている。

東館・アロマトリートメントルームの受付兼ショップ。利用率は高そうだ。

1周して戻ってきた。東館は「パビリオンコート」（中庭）を中心に24室。

18:30 夕食

夕食は東館の「ガーデンレストラン」へ。18:00から30分単位、~20:30のスタートで来館前に予約をするスタイル。1泊朝食等で泊まってアラカルト、というのもあり。

部屋着やスリッパでの来店はNG。宿の食事処ではなく完全なレストラン。

「本日のアミューズ」。コース内に多数登場するハーブ類は自家菜園から。

ていたりとか、がっかりすることの方が多いのだけれど、ここはすべての料理に野菜たっぷり。しかも野菜ひとつひとつに下味を付けて調理するなど手間がかかっている。だから、どれを食べても美味しい。

コースはプリフィクスで基本が1万3650円（サービス料別・ただし今回は1泊2食に含まれる）。プラス1050円〜2100円程度でいろいろな料理を選べるけれど、基本コースで美味しさもお腹も十分だ。外来で食べにいってもいい、そんな内容と価格だと思う。あちこちで何度も書いているけれど、とにかく日本の宿は食事がひどい。そういった「日本の宿基準」でいうならば、トップクラスであることは間違いないし、文頭に書いたホテルの中でも指折りだと思う。

けっこういい泉質の温泉

夕食後はレストランの階下にある温泉（スパ）へ。温泉浴場は本館に内湯がひとつ、遊歩道上に露天風呂がひとつ、東館に露天風呂付きの内湯がひとつ、と合計3カ所。このうち、個人的にもっとも気に入ったのが東館の露天風呂。内湯は循環だけど、露天風呂はかけ流し。加水・加熱をしているものの、那須で茶褐色に濁るお湯は珍しい。口に含むと炭酸成分も感じられて、これはいい湯だ。

夕食は予想以上の満足度。日本の宿基準ならトップクラス。

「本日の旬鮮魚とアボガドのセヴィーチェ」。根菜類も自家菜園より。

スッポン、山野菜と十穀米の生姜風味リゾット。上に見えるのは温泉卵。

魚料理は桜鯛。＋2100円で活オマール海老の料理も選択できた。

肉料理は鳥、豚、牛、「料理長のおすすめ」の4種。スタンダードな鳥を選ぶ。

デザートは春菊プリン。意外に美味しい！　コース全体で950kcal。

東館・スパ。本館とは別源泉。内湯は透明（循環）だが露天は茶褐色に濁る。

しかも、こういったリゾートホテルでは温泉は不人気なのか、浴場はいつ行っても空いている。決して広くはないのだけれど、なかなか快適だ。

ちなみに森の中にある露天風呂は日中の入浴がおすすめ。夜は12時まで入浴可だけど、日没後は真っ暗だから……道のりもけっこうスリリング。一方、昼間の入浴は爽快感抜群。お湯自体は特筆するものではないけれど、私は到着後の散策時にひとつ風呂、朝食前にもうひとつ風呂、計2回の入浴を楽しみました（このほか、本館内湯1回、東館2回の合計5回って入り過ぎか？）。

印象は尻上がりに良くなって……

到着すると同時に、その建築と空間に圧倒される本館とは逆に、東館は滞在するほどに真価を発揮する。印象は尻上がりに良くなっていった。そして「来て良かった」と心底感じたのが朝食。気候が良かったこともあるけれど、テラスでの朝食は、それはそれは最高だった。しかも内容がいい。夕食同様、野菜たっぷりで手が込んでいる。のんびり食事をしていたら1時間以上が経っていた。

さらに部屋に戻りテラスでコーヒーを。ミルと豆が置いてあり、自分で碾くというのが心憎い演出。森を眺めながらのひとときは滞在の余韻を楽しむのにふさわしい。そし

泉質はナトリウム・カルシウム・マグネシウム-炭酸水素塩・塩化物泉。

部屋に戻ると夜食のいなり寿司が。DVDをレンタルし、思わず夜更かし。

7:30
翌朝

朝食は本館が和食、東館が洋食で、どちらも利用可。今回は「より野菜が楽しめる」という東館へ。ちなみに東館レストランはランチ、夕食とも外来OK。夕食のみ要予約。

朝食前にひとっ風呂。露天風呂は6:00〜11:00、15:00〜24:00の営業。

本館のカフェ＆ショップ「二期ブティック」。〝本日の二期菜〟の販売も。

散歩してから朝食へ。朝食もコース（プリフィクス）+ビュッフェ。

チェックアウトは遅めの12:00。客室のテラスでコーヒーを。豆は自分で碾く！

レセプションで精算。次は本館に泊まって東館で食事もいいな。

てあっという間にチェックアウトの12時。さらに余韻をランチで楽しみたいところではあるけれど、残念ながら仕事をしなければならない。後ろ髪引かれる思いで車に乗り込んだ。

覆面後日談：この覆面取材後の2010年3月に二期倶楽部はリニューアルを実施。本文で傷みを指摘したコンラン卿プロデュースの東館は、壁を全室塗装しなおし、家具もすべて修復した模様。さらに35～38㎡と狭かった本館もリニューアル。スイートルームを増やして80㎡の客室も完成した。早く、行かなくては！

二期倶楽部

【栃木県・那須町】

超私的評価

★★★★☆

★まあ悪くないかな
★★けっこういい、悪くない
★★★かなりいいじゃない！また来たい！
★★★★もう最高！文句なし！
★★★★★これは日本有数のレベルですよ

日本を代表するリゾートホテル

東京近郊でこれだけロケーションがいい山のリゾートホテルは、ここと軽井沢の『星のや』『鹿島ノ森』くらいしか思い当たらない。それぞれに長所、短所はあるけれど、食事を重要視する人には間違いのない選択。本館の重厚感も他では味わえない。

■ 温泉 ★★☆☆☆

東館の露天は茶褐色の濁り湯。けっこういい。遊歩道にある露天風呂は雰囲気はいいけれど循環湯。

■ 料理 ★★★★☆

リゾートホテルで食べるフレンチ＆イタリアンとしてはかなり上質。なによりこのロケーションで食べるのが幸せ。価格設定も良心的だと思う。

■ 風情＆ロケーション ★★★★★

広大な敷地を散策する楽しみはここならでは。東館客室の前には田んぼがあり、夜はカエルの大合唱。こんなリゾートも「アリ」だと思う。

■ 接客＆サービス ★★★☆☆

他の高級宿と比べるとちょっと間合いが悪い。もちろん悪いわけではないのだけれど。

■ コストパフォーマンス ★★★☆☆

価格相応の満足度は得られる。東北道方面でこれだけのロケーションを持つリゾートホテルはない。

こんな人におすすめ！

リゾートホテルでの非日常を求めている人に。敷地が広く、ロケーションも素晴らしいので、できれば連泊してのんびりしたいところだ。なお、覆面取材後のリニューアルで本館はかなり良くなった模様。

こんな人は行ってはダメ！

モダンな感じの宿が今ひとつピンと来ない人。温泉の泉質と風情にこだわる人。風呂に入ったあとは浴衣や部屋着でのんびり過ごしたい人（レストランは部屋着不可）。酒を飲んでカラオケを歌いたい人にも不向き。

親戚一同やグループで集うならココ。

鐘山苑《かねやまえん》

【山梨県・富士五湖　鐘山温泉】

小さな宿の紹介が多い覆面訪問記だが、個人的には〝元気〟な大型旅館も気になる存在。趣向を変えて、客室数126室、富士山を望む『鐘山苑』へ。

1泊2食　**27,450円～**

2009年11月1日（日曜）に全室源泉露天風呂付きの「ゆらく山彦亭」和室に大人2名で宿泊。1泊2食33,750円の正規料金で利用。（税・サ・入湯税込）　住 山梨県富士吉田市上吉田6283　電 0555-22-3168　食 夕食：客室、食事処・朝食：レストラン（プランによる）♨ カルシウム・ナトリウム-硫酸塩泉（成分総計1,347mg／kg）、男女別露天風呂付き内湯各2、貸切風呂1、屋上露天風呂（男女入替制）　施 和室113、洋室13（露天付き16、貴賓室1）🕓 イン15:00／アウト10:00（プランにより延長可）　交 電車 富士急行線富士山駅より送迎有（要連絡）　車 東京方面からは中央自動車道河口湖IC、または東富士五湖道路山中湖ICから約10分。名古屋方面からは中央自動車道一宮・御坂ICから約1時間

覆面取材史上最多客室数（中国語？）

自遊人で取りあげる宿は、だいたい客室数でいうと10室～15室くらいの、こぢんまりとした宿が多い。なぜそうなるのかというと、小さな宿の方が個性があっておもしろいから。もちろん万人受けはしない。でも宿の個性と自分の感性がぴたりと合えば、「最高の1軒」になる。そんな1軒を探してもらいたいから、小さな宿が紹介の中心になるわけだ。とは言いながら、個人的には大型旅館も気になっていたりする。近年、大型旅館はバタバタ潰れていくけれど、一方で元気な宿があったりして。つい最近も、ある温泉エッセイストの方からこんな話を聞いた。

「私の母をある新潟の大型旅館に連れて行ったらね、ものすごく大喜びして。私は温泉は循環だし、食事はイマイチだし、どうなのかなぁと思っていたら、母には最高だったらしいんですよ。つくづく宿選びって難しいですよね」

というわけで、前置きが長くなったが、今回の宿は富士山麓にある『鐘山苑《かねやまえん》』。客室数１２６室！　宿泊棟は「細流亭」「ゆらく山彦亭」「深山亭」「桂亭」の4つから成り、さらに露天風呂や大宴会場などが別棟に。しかも「細流亭」はドドーンと10階建て。筋金入りの（鉄筋入り？）の大型旅館だ。

14:00
到着

アクセスの詳細はデータ参照。今回は車で訪れたが、電車も便利。バスも人気で、新宿から中央高速バスで約２時間で富士吉田駅に到着。送迎有り。

客室数126室。宿泊は「細流亭」「ゆらく山彦亭」「深山亭」「桂亭」の４棟に。

広いフロントでチェックイン。早速客室へ。仲居さんが手早く案内。

本日の宿泊は全室露天風呂付きの「ゆらく山彦亭」。３階の客室に案内。

たっぷりのウエルカムスイーツに満足しつつ、館内の説明を受ける。

「山彦亭」の客室は４タイプ。和室12.5畳、談話室、露天付きの「話楽の間」。

大きな窓からは富士山を望む……はずだが、この日は半分のお姿。残念！

ちなみに鐘山苑は、大型旅館選びの指標としてはそこそこ参考になる、ＪＴＢの〝満足度90点以上の宿〟。最近は90点以上の宿が急増している感があって、「?」な宿もかなりあるのだけれど、鐘山苑は以前から90点以上。10年ほど前に勉強のために行ったこともある。

客室の露天風呂は源泉かけ流し

予約したのは露天風呂付き客室の「ゆらく山彦亭」。なぜこの客室かといえば、この客室の露天風呂のみが源泉かけ流しだから。館内には大浴場が2カ所あるけれど、いずれも放流循環併用式。他と値段もそんなに変わらないから、温泉好きは「ゆらく山彦亭」で決まりだろう。ただしこの宿、カップル向きではない。どちらかというと米寿のお祝いとか、両親の金婚式のお祝いとか、家族やグループで訪ねるのに最適な宿。主役がよっぽど温泉好きでなければ、12・5畳＋4・5畳こたつの間＋6畳次の間付きの「細流亭4号館」など、広い客室の方がいいかもしれない。

タイムスリップした?

それにしても凄い宿だった。到着時の印象は強烈。玄関周辺には着物姿の仲居さんとスーツの従業員がずらり。外だけで、ゆうに30人はいただろう。

名前を告げると電光石火のごとくトランクから荷物を運

えっ？ 結婚式が5組？ 今どき、そんな旅館あるだろうか。

15:00
館内散策

キャッチフレーズは〝庭園と感動の宿〟。２万坪、という広大な庭園が自慢だ。また館内には大浴場、ラウンジ、茶室、カラオケ、売店など何でもある。早速、見学へ。

源泉かけ流しの客室露天。浴槽は小ぶりだが、富士山を独り占め！

冷蔵庫の中身は有料、コーヒーなどは無料。テレビは和室と談話室に。

茶室「清流庵」では抹茶をサービス（〜18:30）。和菓子を取り回すなど本格派。

庭の片隅にはこんな店も。器や雑貨を販売。定番の土産は館内売店に。

庭園のほんの一部。ゆっくり散策すれば１時間はゆうに楽しめる広さ。

び出し、館内へと案内する。そして玄関を入ってさらにびっくり。ロビーにはさらに仲居さんが30人はいる。フロントまで数えれば、この周辺だけで従業員が１００人はいるだろう。もちろんお客さんも多く、なんだか20年前の、旅館が元気だった時代にタイムスリップしたようだ。

「すごい活気ですね」

あまりの迫力に圧倒されて仲居さんに話しかける。

「はい。本日は結婚式が５組入っておりますので。客室も満館でございます」

ひえぇ〜！ 訪れたのは日曜日とはいえ、１日５組も結婚式が入っている旅館なんて今どき日本にあるだろうか。しかも１２６室が満館とは！

「18時までは庭園の茶室で抹茶をサービスしております。紅葉も見頃ですし、ぜひお出かけください」

そう。この宿は庭園の美しい宿としても有名。客室で一息ついたらさっそく庭へ散歩に出掛ける……が、また庭園でびっくり。凄い人の数だ。

お婆ちゃんを放っておいても……

庭園の中央には桂川《かつらがわ》が流れ、その両側には真っ赤に色付いたモミジ。人出も凄いけれど、〝息を呑むほど〟の景観が広がっている。しかも敷地はかなり広く、もみじ庭園、つ

20m×８mの大きさのガーデンプール。結婚式にも利用されるようだ。

富士山を望む足湯。残念ながら冬期休業。庭園内には飲泉スポットも。

庭園内には自由にのんびりできるこんな休憩処や東屋も。至れり尽くせり。

人気の甘酒サービス。もちろん無料。散策で少し冷えた身体には嬉しい。

風呂に併設する休憩処では冷茶とお茶請けサービスが。気が利いている。

露天から富士山を望む大浴場「赤富士」。いずれも加水なし、塩素消毒あり。

露天付き大浴場が２つ。いずれも放流・循環併用式。こちらは「元湯 大浴場」。

庭を臨むラウンジ「せせらぎ(7:00～18:00)」。20:30～23:30はバーに。

つじ庭園、奥庭園へと続いている。

「うちのお母さん連れてきたら、喜ぶだろうなぁ」と同行した編集部Y。高台にある忍茶屋では甘酒のサービス。周囲を見渡すと奥様方の満足そうな顔、顔、顔。さらに茶室清流庵でいただく抹茶もなかなかのもの。

「人気の理由がわかりますね。係の人が至るところにいるし、みんな親切だし。3世代で来たら最高ですね。敷地内で観光まで完結するから。ここならお婆ちゃんを放っておいても大丈夫ですよ」

まぁ、それにしても敷地内にはウェディングドレスの花嫁からお婆ちゃんまで、実際に客層は幅広い。結婚式に参列する黒服の客と浴衣の客が入り交じっているのも異様な光景だ。さらには紅葉の庭園の隣に白亜の教会がドドーンと建っていたり、リゾートホテル風のプールがあったり……ここには統一感とか、個性とか、そういったものは一切ない。でも、客の顔は一様にして満足そうだ。

料理もなかなかの内容

統一感がないのは夕食も同じ。「松茸と名残り鱧の土瓶蒸し」「蝦夷鮑の塩釜焼き肝ソース」「もち米と秋鮭といくらの親子飯蒸し」……。地産地消とか野菜料理とか、そんな時流に乗った料理ではない。どちらかというと「どうだ、

客の個性より利用者のニーズ。商売の基本に忠実だから人気。

19:00 夕食

宿泊プラン、人数により客室や食事処、料亭で提供。「山彦亭」には専用厨房があると聞き、今回は客室で。オープンキッチン「美厨（みくり）」を利用するプランも。

食前酒と前菜。子持ち鮎浸し、鮑の空揚げ、海老新丈蓑揚げなどが並ぶ。

女性専用のエステルームも。「興味があるけど怖い」というお母さんも安心。

焼き物「蝦夷鮑の塩釜焼き肝ソース」。仲居さんの丁寧な接客が光る。

「季節の造里」はアオリイカ、ボタンエビ、マグロ、カンパチ、ヒラメ。

「松茸 鱧の土瓶蒸し」。大旅館のイメージとは違うしっかりした料理。

どうだ！すごいご馳走だぞ！」という内容。量も多すぎず、少なすぎず。米寿のお祝いにおじいちゃん、お婆ちゃんが喜ぶ感じ、といえばいいだろうか。さらにこの宿はプランも豊富で、オープンキッチンのダイニングで夕食をいただくコース、なんてものもある。そちらの料理は「オマール海老のヴァプール・アングルソース」「晩秋のモダン・マリアージュ」といった感じ。宿の個性よりも利用者のニーズに合わせる。そんな徹底した姿勢が見て取れる。

ちなみに料理の味も〝まぁまぁ〟。大型旅館で食べられる料理と考えれば、誰も文句はないのではないだろうか。

カ、カラオケスナックがっ！

夕食のあとはロビーでの太鼓ショーとビンゴ大会。始まった直後に行ったのだけれど、ロビーは人でごった返し、階段まで人で溢れている。凄い熱気だ。

和太鼓を叩くのは従業員。以前、他の宿でも従業員によるショーを楽しんだことがあるけれど、こうやって従業員が一丸となった宿は総じて泊まっていて気持ちがいい。

そしてなにより驚いたのがビンゴ大会のあと。一度部屋に戻って風呂に入り、23時近くにまたロビー周辺に行ってみたら……館内に6カ所もあるカラオケスナックは大盛況、ラーメンコーナーのカウンターは満席、座敷席にも10

「甘鯛蕎麦蒸し 巻繊巻き蟹餡」。仲居は１日２室以下しか担当しないそう。

「甲州ワイン地鶏炙り焼き ジャポネソース 牛舌胡麻風味焼き 青海苔仕立て」。

酢の物、食事、香の物と続き、水菓子で終了。ちょうど良い分量。

毎晩20:30～開催の「霊峰太鼓ショー」を見学し、ビンゴ大会に参加。

小腹が空いたので夜食処「お好み処 粋酔」へ。営業は20:30～24:30。

ラーメン800円。夕食後だがしっかり完食。おにぎりやお茶漬けも。

カラオケスペースが６カ所も！ この日はどちらも大盛況。すごい賑わい。

人ほどお客さんがいる。えっ？ バブルの頃に本当にタイムスリップした？

この雰囲気は決して悪くない。暗い話題ばかりのこのご時世、秘湯でしっぽり心と身体を癒すのもいいけれど、こんな元気な空間で活力をもらうのもいいものだ。

浦島太郎な気分

翌朝、館内はまるで夢から覚めたように静かだった。至るところに立っていた従業員は最小限に絞り込まれている。実は昨日もショーのあとはだいぶ人数が減っていた。が、館内では宴が続いていたため、それほど感じなかったのだ。でもみんなの酔いが覚めると、やっぱりここは２００９年なのだった。

朝食は広い会場でのバイキング。最小限のスタッフで切り盛りできるように時間交替制にしているようだ。

旅館の客室係というのは大変な職業だ。夜遅くまで働き、そして朝が早い。離職率も高く、いい人材は定着しない。

それではダメだ、ということなのだろう。客にとって宴はチェックアウトまで続いてほしいけれど、経営を考えればそうはいかない。もちろん、朝食が終わる頃、フロント近くには仲居さんが集まってくる。できるだけ多くの人数でお見送りをするために。

鐘山苑
【山梨県・富士五湖　鐘山温泉】

超私的評価

★★★☆☆

★ まあ悪くないかな
★★ けっこういい、悪くない
★★★ かなりいいじゃない！また来たい！
★★★★ もう最高！文句なし！
★★★★★ これは日本有数のレベルですよ

親戚一同の集まりにはこの宿しかない！

敷居の高い高級旅館や料亭だと気疲れしそうな親戚がいる。酒を飲むと暴れちゃう親戚がいる。成金の親戚がいる。横暴な親戚がいる……。親戚というのは他人の集まりみたいなものなので、いろんな人がいます。でもこの宿なら大丈夫。万人向けの旅館は今や貴重。多くの大型旅館が衰退してしまった今日、こういう宿は意外にありません。そういう点では★★★★★。

■ 温泉 ★★☆☆☆

「ゆらく山彦亭」の客室露天風呂は源泉かけ流し。硫黄臭のあるけっこういい温泉です。

■ 料理 ★★☆☆☆

けっこうちゃんとしてます。素材も悪くありません。大型旅館ではかなりのレベルだと思います。

■ 風情&ロケーション ★★★★★

富士山好きや庭園好きにはたまらないでしょう。

■ 接客&サービス ★★★★★

社員教育、徹底しています。大型旅館の手本。

■ コストパフォーマンス ★★☆☆☆

今回の宿泊は1名33,750円。決して安くはないけれど、宿のサイトを見るとグループや団体には割引があるようで……。さて、いくらに？

こんな人におすすめ！

米寿の祝いなど、家族や親戚一同が集う時に。万人に好まれる宿というのは今や意外と少ない。料理の質も大型旅館としては最高ランク。きっと誰もが「けっこう良かった」と平均点以上を付けるはず。

こんな人は行ってはダメ！

静かな環境でのんびりしたい人、あちこち食べ歩いている食通の人は行ってはダメ。露天風呂付き客室があるからといって、カップルにも向いていない。夫婦の記念日旅行にも「？」が付くだろう。とにかくこの宿は混成グループで行くに限る。

8:00
朝食

朝食も夕食同様、宿泊プランや人数、宿泊の客室によって場所が異なる。今回は「美厨」でバイキング形式の食事。時間はチェックイン時に相談し、指定されるスタイル。

たっぷり遊んで、戻ると布団が。客室露天風呂でもう一風呂浴びて就寝。

フロントで精算し、多くのスタッフに見送られながら出発。

開始時間をコントロールしているようで混雑なし。和洋ともメニュー充実。

「徐々に現実に戻っていく感じでいいじゃないですか。それよりこの宿、バブル期並みの売上と利益率でしょうね」とY。シーズンオフには1万円台～のプランもあるけれど、基本は2万5000円前後の宿。休前日は3万円前後とさらに高い。なのに満館。しかも客室稼働率だけでなく定員稼働率も高そうだ。

最近、高級旅館というとお篭もり系の宿ばかり。「団体やグループ旅行なんてもう期待できない」というのが旅行業の定説だけど、そこには大きな隙間があった、ということなのだろう。10年前にも増して勉強になる旅だった。

1万円前後で上質な宿

お金をたくさん払わないと旅の満足度が低いかって？ 決してそんなことはありません。もちろん高級旅館のような接客や、調度品、客室の広さは期待できませんが、安くても居心地のいい旅館というのはけっこうあるものです。ただし、１万円前後の宿の特徴は、料理のみ、空間のみの１点豪華主義であることがほとんど。そのポイントが自分の好みとずれていると、まったく良さがわからなかったりします。本文をよく読んで、自分の価値観とあっているか、しっかりご判断ください。

別荘がわりに使いたい小さな宿

施設は何もないのに人気が高い宿。

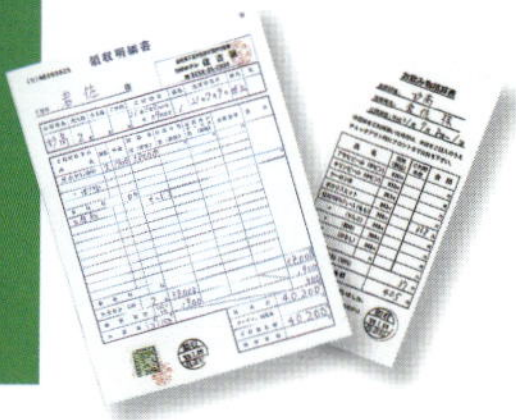

村のホテル 住吉屋《すみよしや》

【長野県・野沢温泉】

風呂も小さいし、館内に気の利いたパブリックスペースがあるわけでもない。なのに自遊人の「宿大賞」では常に上位。その秘密を探りに……。

1泊2食 18,000円～

2009年7月8日（水曜）に本館和室「妙高」に宿泊。本館と別館があり、全室シャワートイレ付。別館にはバストイレ付の客室が4室あり、うち2室は源泉を利用。ネットでの割引プラン等は基本的にないようで、1泊2食20,100円の正規料金で宿泊。客室により18,000円～24,300円。休前日1,050円増（税・サ・入湯税込）住 長野県下高井郡野沢温泉村豊郷8713 電 0269-85-2005 食 夕食・朝食：食事処 ♨ 含硫黄-ナトリウム・カルシウム-硫酸塩温泉（成分総計1,035.4mg／kg）男女交替制露天風呂付内湯1、男女交替制内湯1 施 本館和室8（全T付）、別館和室5、和洋室1（BT付4、T付2）🕓 イン12:00／アウト11:00 交 電車 長野新幹線長野駅から直行バスで約1時間15分 車 上信越自動車道豊田飯山ICから約30分

何もないのにどこがいいの？

あちこちの取材先で聞かれる。

「自遊人で評価の高い、野沢温泉の住吉屋って宿がありますよね。なんでそんなに人気なんですか？」

雑誌「自遊人」の「日本の宿大賞」では、常に上位。とくに２００７年１月号では「１万円台の宿の部」で堂々１位。しかしこの宿、あちこちの宿の主人が首をかしげるように、目立った特徴はない。

「客室に露天風呂があるわけでもないし、貸切風呂もない。館内施設だってなにもないでしょ。料理だってそれほど凄いものだと思えないし」宿の主人はたいていこう続ける。

「やっぱりロケーションですか？　野沢名物の、ほら、野沢菜茹でてる、なんて言ったっけ」

「麻釜《おがま》ですか？」

「そうそう。麻釜の目の前っていうのがやっぱり人気の理由なんですかね」

「いや、それなら、草津の湯畑の周りの宿なんかは、ぜんぶ〝最高の宿〟ってことになりますよね」

「じゃあ、なんで？」

その〝なんで？〟を探るために、デジカメ片手に泊まってみたのだった。

12:00
到着

上信越道豊田飯山ICから約30分。長野新幹線長野駅から直行バスで約1時間15分。バスターミナルから住吉屋まで徒歩5分。JR 飯山線戸狩野沢温泉駅からバス20分。

野沢温泉のシンボルでもある「麻釜」前に建つ。チェックインは12:00〜。

到着後、すぐにお部屋にご案内。美人女将自ら、談笑しながら荷物運び。

全体的に開放的。梅雨時だったが湿気なども感じず、清潔感が漂う。

チェックインはなんと正午

立ち上る湯けむり、石畳の坂道、そして木造3階建ての宿。ロケーションはこの上ない。ただし、ロケーションだけで上位にランキングされているわけではないのは冒頭の通りだ。ではなぜなのか。その理由の〝大穴〟とも言えるのがチェックインの時間だ。なんと正午。チェックアウトは11時だから、理論上、宿が清掃に充てられる時間はたったの1時間しかない。オペレーションが完璧なシティホテルならともかく、こういった小さな宿で、しかも1万円台の宿で、正午インというのは聞いたことがない。でもこの話を聞いて、思うかもしれない。

「そんなに早く着いて、なにするの?」

スパがあるわけでも、ライブラリーがあるわけでも、美術館やカフェがあるわけでもない。風呂がたくさんあるわけでもないし、そもそも露天風呂は1つしかない(男女交替制で、しかも極小だ)。ではどうするのか。答えは〝浴衣で湯めぐりを楽しむ〟だ。野沢には13もの共同浴場があり、どこも無料。これは楽しい。温泉情緒を満喫できる。しかも数軒の共同湯をはしごして、疲れたら部屋に戻ってひと休み、なんてこともできるのだ。

1万円台の宿なのに外車がずらり?

木造の本館8室、鉄筋造の別館6室、全14室。BT付4室、トイレ付10室。

今回は本館「妙高」に宿泊。8畳の和室に、4畳の次の間、広縁付の部屋。

記帳は客室で。そば茶・煎茶とおまんじゅう、飲泉用の温泉も用意。

角部屋。南側の窓からは麻釜、西側からは北信の山々を望む客室。

富裕層は1万円台の宿にいた？駐車場には外車がずらり。

アメニティは必要十分。ピシーーーーーッとのりが効いた浴衣が印象的。

トイレはシャワートイレ。洗面台は広縁に。水回りはとりわけ清潔感漂う。

今回も住吉屋にチェックインしたのは昼の12時半ごろだった。１番乗りかなと思って着いたらなんと先客がいた。しかもすでに浴衣。自分たちも部屋で着替えて出掛けようとしたら、もう1組到着した。

「早めに着いちゃって」

「あら、ご連絡くだされればお迎えにいきましたのに」

「のんびり散歩してきましたから」

どうやらバスで来たようだ。アクセスが意外にいいのも野沢の特徴。新幹線の長野駅から直行バスが1日3本（夏期。冬期は5本）。中高年に人気らしい。

住吉屋を支えているのは中高年だ。しかも夏もジャケットをピシッと着るようなオシャレなおじさまとおばさまばかり。最近、高級旅館ですっかり見かけなくなった本当の富裕層は、１万円台の宿にいたりする。現に住吉屋の駐車場を見てびっくり。あらあら、外車がずらり。

「えっ？ここって高級旅館？」

客室に高価な調度品や、デザイナーズ家具が置かれているわけではない。もちろん客室が１００㎡あるわけもない。人気なのは12・5畳＋広縁の客室、1泊2食1万９０５０円也。とっても質素だ。

ちなみに今回もその客室を予約しようと思ったのだけれ

１階玄関脇にある、居心地の良いミニライブラリー＆休憩スペース。

住吉屋に寄贈された名漫画家の皆さんによる寄せ書き。ビッグネームがズラリ。

本館と別館をつなぐ廊下。両側に名漫画家たち寄贈の絵が並ぶ。

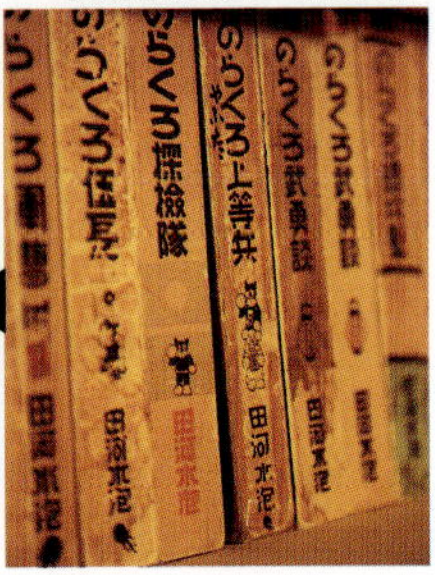

田河水泡の作品をはじめ、小さな書棚だがセンスのよいラインナップ。

さっそくお風呂へ。かなり熱めのお湯。館内にお風呂は2つ。男女交替制。

内湯の先にある露天風呂。含硫黄-ナトリウム・カルシウム-硫酸塩泉。

自然湧出する自家源泉。90.8度と高温だが加水せず、注ぐ湯量で温度調節。

ど、平日なのに満室。そこで2万100円の客室（税抜き1万9000円・8畳+次の間4畳+広縁の角部屋）を予約したのだった。

随所に感じる独特の〝品格〟

客室は本当にシンプルだ。本館は木造3階建てだけれど、古民家のような古い梁が出ているわけでも、鄙《ひな》びているわけでもなく、いたって普通。ただし、〝普通〟と言っても独特の〝品〟がある。高価な調度品はないけれど、随所に絵が飾られ、野山の花が生けられている。隅々まで清掃の行き届いた清潔感も心地いい。接客もシンプルだけど笑顔と会話に品がある（かといって老舗高級旅館のように鼻につく接客ではない）。

風呂も同様にシンプルだけど、独特の空気感がある。源泉も浴室内にあって、湯の鮮度は抜群だ。とはいえ露天風呂はかなり狭く、しかも男女交替制の1つしかない。

以前、友人に言われたことがある。

「雑誌に載せてたあの露天風呂、ありゃ詐欺だな。広く写っているけれど、びっくりするほど狭い。ありゃあ池だ」

そう言われて、私はこう切り返した。

「でも源泉は浴場内にあって、お湯は新鮮だっただろ？」

「お湯が新鮮かどうかなんて、普通の人、気にするか？」

14:00 散策

野沢温泉の開湯は寛永16(1639)年。温泉街は坂道が多いが、お散歩するにはちょうど良いサイズ。まずは湯量豊富な野沢の中でも最大の湧出量を誇る源泉場「麻釜」を見学。

「麻釜」は大釜、茹釜、円釜、竹伸釜、下釜の5つの自然湧出源泉の総称。

温泉街らしく土産物屋も多い。平日だったがどの店もしっかり営業。

野沢温泉のシンボル「大湯」。街の中心に建ち、観光客の利用も多い。

独特の空気感と品格を持ちながら敷居はいたって低いのが魅力。

浴槽は2つに仕切られ、ぬる湯とあつ湯がある。……がどちらも熱い（笑）。

温泉でほてった身体を沈めるため「福田屋商店」のジェラートを。

温泉に対する評価は厳しかったけれど友人はこう続けた。

「あの風呂の良さは清潔感だな。いつ行っても風呂桶がピシッと並べられていて、それが清々しい」

作家・文化人の高評価の理由もこのあたりにある（と思う）。ちなみに同行した編集部Yはこう言った。

「私、個人的には露天風呂のない小さな風呂のほうが好きなんです。なんか、茶室みたいな空気感があるんですよね」

近年、料理の質が大幅に向上

夕食は個室、または蔵の食事処のどちらかで。今回は蔵の食事処を選択。予約時に「できるだけ野菜中心で」と伝えると「うちはほとんど野菜ですけれど、お肉の代わりに取り回し鉢を1品増やしましょう」との答え。

取り回し鉢とは住吉屋の名物で、要はお総菜の入った鉢。今でこそこういった田舎料理を出す宿は決して珍しくはないけれど、以前は旅館で田舎総菜を出すというのは冒険的であり、画期的でもあった。そしてこれも作家や文化人に住吉屋ファンが多い理由でもある。

ただし現在の住吉屋では、取り回し鉢を積極的にはアピールしていない。数年前から料理が大きく変わって、〝郷土料理っぽいもの〟から〝一般的な旅館料理っぽい〟ものに変わっているからだ。このあたりは賛否両論がありそう

18:00 夕食

夕食は18:00～か18:30～、「蔵座敷」、個室、食事処のいずれかで。名物「取り回し鉢」は常時6～8種ほど用意。チェックイン時に、好きなものを2～3種選べる。

前菜。鮎風干や沢ガニ唐揚げなど。「箸付 茶巾とまと」とともに。

向付は信州らしく「鯉あらい」。酢味噌でさっぱりといただく。

「汁物 清汁仕立て（もろこし安平）」。けっこういいだしです。

焼物は和牛の炭火焼き。肉が苦手な私は代わりに取り回し鉢をもう１品。

「冷鉢 白ダツ信田巻」。白ダツは里芋の茎のこと。だしが効いた１品。

揚物、酢物、止椀、竹の子ご飯、デザートで締め。ちょうどいい腹具合。

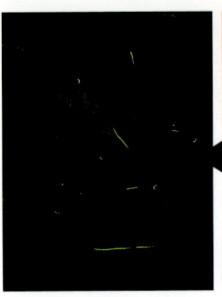

食後、ホタル狩りへ。見えるでしょうか？　小さく光るのがホタルです！

だけれど、実際には〝贅〟のほうが多いようで、「かなりしっかりした日本料理に近づいている」という声をよく聞く。で、その真偽のほどはというと……。

前菜を食べた編集部Ｙが言う。

「昨年プライベートで泊まったときより美味しいですよ、これ。前回も〝そうとう美味しくなったなぁ〟と思ってたんですけれど、また進化してますね」

そしてお椀をいただいて思う。

「巷の高級旅館よりよっぽど美味しい」

こうなると、取り回し鉢の存在がかすんでくる。総菜と料理ではやっぱり料理に軍配が上がるのだ（ちなみに、旅館料理は〝料理〟じゃなく、あくまで〝旅館料理〟。総菜と旅館料理を比べるならば、総菜の勝ちだ）。

「高級旅館って、なんなんでしょうね」Ｙが言う。高級旅館のように豪華食材のオンパレードではない。これ見よがしの演出もない。でも、そもそも〝美味を極めた日本料理〟なんてものは旅館に期待していない。

では、なぜ高級旅館に泊まるのか。それは「安心感」と「空気感」ではないだろうか。食材や調理に対する安心感、そして落ち着いて食べられる空気感。つまり「ほっとする味と空気」。高級旅館で感じるそれが、住吉屋にはある。

13の共同浴場はどこも無料。お湯が一番ぬるい「熊の手洗い湯」へ。

続けざまに黒い湯の花が舞う「真湯」へ。いずれも深夜の入浴は不可。

部屋に戻ると布団が敷いてあった。着替え用の浴衣もさりげなく用意。

7:00
翌朝

野沢温泉の源泉はどれもすご～く身体に効く。13も共同浴場があるとすべてに入りたい気もするが、それは無理な話。翌日、湯あたりで大変なことになる。

村のホテル　**住吉屋**

【長野県・野沢温泉】

超私的評価

★★★★★

★ まあ悪くないかな
★★ けっこういい、悪くない
★★★ かなりいいじゃない！また来たい！
★★★★ もう最高！文句なし！
★★★★★ これは日本有数のレベルですよ

好みがわかれる宿だけれど……

宿に品格を求める人、料理に本質を求める人は「本当にこの料金でいいの？」と感じるはず。１万円台で上質な空気感を持っている宿は、もはや日本では数少ない。

■ 温泉 ★★★☆☆

源泉は浴場内から湧出。短時間の入浴で汗が噴き出す良泉質の湯。浴室は小さいけれど、独特の雰囲気と品格がある。露天風呂は男女交替制。

■ 料理 ★★★★☆

化学調味料不使用。料理の素材もかなりいいものを使っている。１万円台では日本有数だと思う。ただし豪華食材を望む人には向いていない。星の数は厳密に言うと３つと４つの間という感じか。

■ 風情&ロケーション ★★★★★

目の前が野沢菜を茹でる風景で知られる麻釜。その前に建つ木造３階建て。温泉情緒は抜群。

■ 接客&サービス ★★★☆☆

至れり尽くせりではない。でも必要にして十分。笑顔や所作に品格を感じる。素朴さもいい。

■ コストパフォーマンス ★★★★★

価格に対する満足度はかなり高い。他の宿にはない、昔ながらの上質な宿の雰囲気を持っている。

! こんな人におすすめ！

宿に上質な空気感を求める人に。至れり尽くせりのサービスも、館内施設もないけれど、今や他の宿にはない品格がある。郷土の味を楽しめる「取り回し鉢」と料理のバランスもいい。

! こんな人は行ってはダメ！

無料ドリンクやアメニティの充実度を宿の評価基準にしている人はダメ。インが正午、アウトが11:00と滞在時間は長いけれど、館内には何もないので、お篭もり派にも向いていない。殿様気分でいたい人もダメだ。

朝食は7:30〜、8:00〜、8:30〜、時間を選択。派手ではないがおいしい。

館内のお風呂は13:30〜翌10:00。時間外は外湯の利用を。

もちろん、1万円台の宿だ。食事の時間はほとんど選択できないし、予約時のもうひとつのわがまま、「玄米にしてほしい」は叶わなかった。でも、それに対して「もっと改善求む」と言うつもりはまったくない。だって、1万円台でこれ以上は、どう考えても求めすぎだから。

翌朝、早起きしてまた共同浴場へ出掛けた。

地元の人が私に言った。

「この不景気の平日に、来てくれるのはありがたいことだよねぇ」

住吉屋の魅力は、この地元の人の〝心〟にもあるのだ。

のんびりしていたらあっという間に11:00。フロントでチェックアウト。

ライブラリーには冷水やお茶セットも用意（無料）。コーヒーは400円。

1万円台でも接客は完璧。

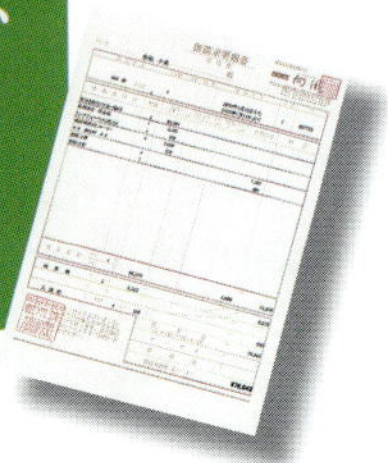

向瀧《むかいたき》

【福島県・会津東山温泉】

近年、旅行関係者の間で評価が高まりつつある向瀧。登録文化財制度の1号物件でもある歴史ある宿に、カメラオタクを装い行ってみた。

1泊2食　**16,950円〜**

2009年1月12日（月曜・成人の日）に、「梅」に大人4名で宿泊。1泊2食16,950円。※今回は1番安い「お気軽プラン」を利用。中庭向きだと20,100円、料理をアップすると23,250円。休前日2,100円増。「はなれ」以外は2名以上なら人数での料金変動はない。「はなれ」は2名利用47,400円、5名以上で23,250円。（税・サ・入湯税込）住 福島県会津若松市東山町大字湯本字川向200　電 0242-27-7501　食 夕食・朝食：客室　♨ ナトリウム・カルシウム-硫酸塩・塩化物泉（成分総計1,813㎎／kg）、男女別内湯各2、家族風呂3　施 和室24　🕓 イン15:00／アウト10:00　交 電車 JR磐越西線会津若松駅からバス15分　車 磐越自動車道会津若松ICから15分

「えっ？ 向瀧に行ってないの？」

会津若松《あいづわかまつ》の市街から車でたった5分、まさに〝奥座敷〟といった場所に会津東山《あいづひがしやま》温泉はある。開湯は1300年前の天平年間。江戸期には奥羽三楽境（東山・上《かみ》山・湯野浜）に数えられたというから、それはさぞ賑わったのだろう。

現在では鉄筋コンクリート造の旅館が点在しているが、そこには各地の〝奥座敷〟と呼ばれる温泉地同様のすこし寂しい風景が広がる。

そんななか、『向瀧』は湯川のほとり、山に抱かれるように、ぽつりと建っている。まるでタイムスリップしたように。明治初期築から昭和10年築まで4棟が連なり、そのすべてが登録有形文化財。しかも登録番号が1～4という、文化財登録制度を象徴する建物なのだ。

でも今回向瀧を訪れた理由は、登録文化財1号物件だから、というわけではない。実はこの宿、最近、旅行関係者の評判が急上昇中で、つい最近も「えっ？ 向瀧に行ってないの？」と、ある人に言われたばかり。そこまで言われたら行かなきゃまずいでしょ、ということで行ってきたというわけだ。

予約時から〝いい宿〟の予感

旅行関係者に評判がいいのだから、まず接客がいい（業

15:00
到着

会津東山温泉は会津若松の奥座敷と言われるが、ここ『向瀧』は、会津藩士の保養所だったというからまさに奥座敷。鉄筋コンクリートの建物群の中にぽつりと宿は建つ。

車が到着すると同時かそれより早く、宿のスタッフが玄関から出てくる。

荷物を持ってもらい客室へ。要所で建築の見どころ解説付き。

今回宿泊したのは「梅」。書院造りで天井が高い。かなり格式ある客室。

界関係者は接客にはうるさいのだ）。それは予約の電話からも感じる。数種ある料金プランはどう違うのか、客室の違い、料理の違い等々、こと細かに説明してくれる。しかも高級旅館か外資系ホテルに電話しているように丁寧で的確。1万円台の宿でこんなにしっかりしたところ、あったっけ？　と予約時から感心してしまった。

　そして宿に着いて、さらにビックリ。若い番頭さんも仲居さんも、笑顔が素晴らしいだけでなく接客も知識も完璧。そりゃあもちろん、4万、5万する宿に、もっといいところはあるけれど、向瀧は1万円から泊まれる宿。「これは凄い」と本当に感心したのだった。

館内はぴっかぴかに掃除されている

　建物もさすが登録文化財1号物件だけあって素晴らしい。大広間の会津桐《きり》の格天井《ごうてんじょう》、書院造りの「はなれ」……。なかでも気に入ったのは玄関から1番奥の山の斜面に建つ棟。棟全体が数寄屋博物館といった趣で、天井、障子、窓などなど、廊下を歩くだけで楽しい。

　実は今回はいちばん安いプランを選んだため、この棟でなかったのだけれど、次回泊まるならこの棟と心に決めた。「桐」「竹」「桔梗」「菊」「かきつ」「松」……。帰宅してから宿のホームページを見ると、どの客室も良さそうだ（客

15:30
館内見学

いちばん新しい棟で1935年築。木造の古い建物だから廊下などは外気温に近く、かなり寒い（客室は暖かい）。館内見学の前に一風呂浴びてからでないと凍えてしまう。

宿の人はみんな感じがいい。抹茶と手作り羊羹で一息。羊羹が美味しい。

1番安いプランを選択。客室は1階で竹垣があるので景色は見えない。

1万円台の宿とは思えない接客、化学調味料を使わない料理……。

料金の高い部屋は中庭に面している。写真奥は「桐」「菊」などが並ぶ棟。

右写真の奥に写る棟の廊下。天井、床、障子などを眺めるだけで楽しい。

室指定はできないそうだが）。

さらに。この宿の滞在が心地いいのは建築が素晴らしいから、だけではない。なにしろ掃除が徹底されていて、館内はぴっかぴか。古い建物だし、しかも広いし、維持メンテナンスも大変だろうなぁ、とこれまた感心してしまったのだ。

源泉かけ流しの湯だけでなく……

お風呂は3カ所。熱めの「きつねの湯」、ぬるめの「さるの湯」、3つの家族風呂。浴場は特別な建物ではなく、しかも露天風呂もないから写真ではイマイチなのだけれど、これが入ると気持ちいい。

その気持ちよさの秘密は〝清潔感〟。加水もしない源泉かけ流しの湯がいいのはもちろんだけれど、それ以上に凛とした空気が浴場に漂っているのだ。

ちなみに以前の自遊人誌面や数々の雑誌に出てくる折上《おりあげ》格天井《ごうてんじょう》の内湯は「はなれ」専用。今回同行した1人がそれを知らず、「え〜っ？　あのお風呂に入れなければ意味ないじゃん」と行きの車で騒いでいたのだけれど、宿に着いて風呂に入ったら「きつね湯の白タイルの清潔感がいい」とご機嫌に。どうやらお風呂は毎日換水して清掃しているようだ。

「はなれ」は書院造り。宿泊者が少なかったため、見学させてもらえた。

「はなれ」専用の内湯。折上格天井の内湯というのは珍しい。

17:00
風呂

冷えた体を温めるために風呂へ。源泉かけ流しの湯はナトリウム・カルシウム-硫酸塩・塩化物泉で成分総計1,813mg／kg。無色透明だけれどよく温まる良泉質の湯。

浴場は3カ所にあり、「きつね湯」には熱めの湯が満たされている。

18:30 夕食

客室で。春夏秋冬、料理は変わるそうだが、変わらないのが名物の「鯉の甘煮」と「ニシンのさんしょう漬け」らしい。化学調味料を使わないという料理の味は……。

風呂から上がると中庭の雪見ろうそくに灯が。幻想的な風景が広がる。

「きつね湯」。なんてことはない浴場だが、清潔ですごく心地いい。

「きつね湯」前の洗面台はなんと一枚の大理石をくり抜いて作ったもの。

漬け物まで抜かりなし

こうなってくると料理が気になる。以前、自遊人の宿大賞でアンケートをとった際、「化学調味料は使用していない」ということだったのだけれど、それは本当なのか。醤油やお酢、味噌などにも含まれていないのだろうか。

で、結論から言ってしまうと、本当に使っていなかった。それに材料もしっかりしていて、これまたビックリした。脇役の野菜や漬け物まで抜かりなし。米はおひつに入ってきて……。アイデア料理はひとつもない、飾りっ気のない郷土料理ばかりなのだけど、それはそれでよし。けっこうスッゴイ宿ですよ、ホント。

食事しながら過去の記憶をたどる。

「1万円台でこんな宿あったっけ?」

「まず思い浮かぶのが鹿教湯温泉の『三水館《さんすいかん》』だけど、三水館とは料理の方向性がぜんぜん違うよね。三水館は郷土色＋創作料理系、こちらは完全な郷土料理1本勝負」

「宿の雰囲気といい、温泉といい、野沢温泉の『住吉屋《すみよしや》』とかかが近いかもしれませんね」

「料理だけならもっといい宿はあっても、建物も接客もいい、これだけ総合力が高い宿って少ないよね」

という話になって、宿大賞で1万円台の宿を見直すと、

ごはんはおひつで。細かいところまで気が利いている。会津産コシヒカリ。

会津の伝統料理「こづゆ」。貝柱のだしがきいていて美味い。

鯉が苦手な編集部Aも「美味しい」と完食した甘煮。持ち帰りも可。

前菜、先付けを食べてビックリ。「これ、凄く美味しくない?」

向瀧

【福島県・会津東山温泉】

超私的評価

★★★★☆

★まあ悪くないかな
★★けっこういい、悪くない
★★★かなりいいじゃない！また来たい！
★★★★もう最高！文句なし！
★★★★★これは日本有数のレベルですよ

建築好きで化学調味料嫌いには文句ナシ

古い建物の維持にはお金がかかります。だから個人的に登録文化財や木造３階建ての宿では「たとえ接客が最低でも、料理がひどくても、１万円台なら文句は言わない」ことにしているのですが、この宿は接客も料理も、一般的な１万円台の宿以上です。

■ 温泉 ★★☆☆☆

なんてことはない浴場ですが、かなりいいです。

■ 料理 ★★★☆☆

郷土料理一本勝負が潔い。１万円台の宿と考えれば４つ星。中庭向きに泊まったら３つ星、「はなれ」だと２つ星に感じる料理といえばいいだろうか。醤油などの調味料や漬け物までちゃんとしていることに拍手。

■ 風情＆ロケーション ★★★★☆

周囲の環境はイマイチだけど、宿に罪はない。宿の中にいる限りは最高のロケーション。ただし１万円台の客室は眺望がまったくない（窓を開けたら竹垣とか）。

■ 接客＆サービス ★★★★☆

一生懸命な接客と笑顔が印象的。従業員教育、徹底しているんだろうなぁ。

■ コストパフォーマンス ★★★☆☆

中庭向きの客室だと２万円をちょっと超えるので。それに東京からの交通費まで含めて考えるとこのくらいか、と。「はなれ」はちと高すぎる。

! こんな人におすすめ！

１万円台で上質な宿を探している人に。家族旅行や両親の招待旅行には「標準プラン」がおすすめ。２万円台になってしまうが、コストパフォーマンスは十分だろう。

! こんな人は行ってはダメ！

料理のメインは「鯉の甘煮」。鯉料理が嫌いな人も一度チャレンジしてもらいたい味だけど、「それでもダメ」という人には不向きな宿。露天風呂がないので、「露天風呂がないなんて」という人も泊まってはいけない。

翌朝は３つある家族風呂のうち「蔦」に。ひとり占めの贅沢を楽しむ。

7:00
翌朝

朝食は7:30から8:30くらいの間でスタート。チェックアウトは10:00（イン15:00）。ちょっとせわしないのが残念だけれど、他の内容がいいのでヨシ。

上位は『鶴《つる》の湯』『銀婚湯《ぎんこんゆ》』『三水館』『住吉屋』『岩井屋《いわいや》』『さんなみ』……。で、『向瀧』はずっと下。どう考えても、もっと上位に食い込んでおかしくない。

では難点は？ と聞かれても、それが思い当たらない。あるとしたら料金システム。「はなれ」はさすがに高すぎるし、休前日や繁忙期も意外に高くなってしまう。しかも自社のホームページも〝ちょっと積極的すぎる〟（丁寧だけれど料金ページなどはどうかなぁ、と思う）。せっかく宿は質が高いのだから、ホームページも、もうちょっと上品でもいいと思うのだ。

荷物を車まで運んでもらって出発。「お世話になりました」。

朝食は白米が特筆もの（夕食と違う）。会津産らしい強い粘りが特徴。

仕事に疲れた都会人のための宿。

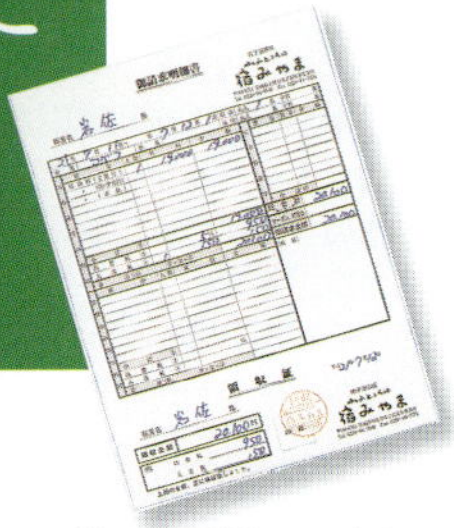

山ふところの宿　みやま

【宮城県・川渡温泉】

人気急上昇中の宿『みやま』。食事、温泉、雰囲気など、支持理由は様々だが、いったいどんな宿なのか？　週末にふらっと男１人。覆面訪問の旅へ。

１泊２食　**16,950円**

2009年７月11日（土曜）に、大人１名で宿泊して20,100円。トイレ付きの別館は５室あり、平日２名利用時16,950円。１人旅は2,100円増。ネット等での割引プランはない。湯治向きの「本館」は２名利用時素泊まり4,350円、朝食付き5,400円、２食付き8,550円で休前日も同料金。1人旅は525円増。（税・サ・入湯税込）　住 宮城県大崎市鳴子温泉字要害91　電 0229-84-7641　食 夕食・朝食：食事処、個室　♨ 単純温泉（成分総計856㎎／kg）男女別内湯各1　施 本館和室５（全Tなし）、新館和室５（全T付）　イン15:00／アウト11:00　交 電車 東北新幹線古川駅から陸羽東線に乗り換え、川渡温泉下車。駅から送迎３分（要予約）　車 東北自動車道古川ICから約30分

ほっとする空気が漂う宿

ここ数年で人気急上昇中の宿、その1軒が『みやま』だ。自遊人では2006年からほぼ毎年、宿のランキングを発表しているのだけれど、2009年、突然、32位に初登場（2008年までは圏外だった）。自遊人編集部が、今、もっとも気になる宿でもある。

みやまが支持される理由は、空間、泉質、料理、料金と、人によって様々だけれど、もうひとつ重要なのが宿の雰囲気。なんだかくつろげる、ほっとする空気が漂っているのだ。露天風呂もないし、特別凄い料理が出てくるわけでもない。もちろんサプライズなサービスがあるわけでもない。でも〝なんかいい〟。それがみやまの魅力だろう。

おっと、手品の種明かしを先にしてしまってはつまらない。どんな宿なのか、詳細をレポートすることにしよう。

古き良き民宿の雰囲気

宿は鳴子温泉郷のひとつ、川渡《かわたび》温泉にある。東京から鳴子へのアクセスは圧倒的に新幹線が便利で、今回も電車利用で訪ねることにした。駅で待ってくれていたのは主人の板垣さん。この宿には番頭さんも、仲居さんもいない。完全な家族経営。営業許可は〝旅館〟だけれど、雰囲気は民宿。古き良き時代の空気が流れている。

陸羽東線川渡温泉駅は鳴子温泉の２駅手前。東北新幹線古川駅から40分。

14:46 川渡温泉着

東京方面からは新幹線利用が便利。古川駅は仙台から１駅。陸羽東線は１時間に１本あり、新幹線と接続している列車も多い。車の場合は東北道古川ICから30分。

予約をしておけば駅から送迎してくれる。運転手さんは宿のご主人です。

玄関は1976年築の本館と兼用。以前は湯治宿として営業していた。

昔ながらの本館玄関から上がって、廊下を歩くと新館につながっている。

よく本館と新館の空気がまったく違う宿があるけれど、不思議とみやまは空間が連続している。本館玄関から新館に向かう部分は、まるでタイムトンネルのように徐々に空気感が変わっていくように設計されているのだ（と思う）。

「素晴らしいですね。建築家はどなたなんですか？」

「本間至さんという方で、本当は住宅建築を専門にしている方なんです」

なるほど、それで納得。新館はこれ見よがしな演出は一切ないけれど、すべてが快適で居心地がすこぶるいい。

例えば階段。思わず座りたくなって座ってみた。するとソファより気持ちが良かった。例えばラウンジの床。思わず寝ころびたくなって、寝そべってみた。すると、他の宿ではとても体験できない開放感だった。

まるで別荘で過ごすかのような、肩肘張らない快適さ。こんな宿、他にあっただろうか。考えても思い当たらない。

家族経営なので1日3組限定

思い当たらない理由は、みやまが1日3組しか宿泊客を取らないことにもある。本館に5室、新館に5室、計10室ある。なのに3組。本館の湯治客は3組以外にカウントさ

山形県金山町の杉材で建てられた1996年築の新館。トイレ付き５室。

設計は住宅建築では有名な本間至氏。別荘のようにくつろげる空間。

広縁からは５世紀のものと伝わる前方後円墳（現在は杉林）が見える。

新館のトイレはもちろんシャワートイレ。ちなみに客室は10畳。

10室あるのに1日3組限定？まるで自分の別荘のように静か。

アメニティは必要最低限。歯ブラシやカミソリは持参した方がいいだろう。

新館1階のラウンジ。基本的に1日3組限定なので、いつも貸切状態。

れるようだけれど、2食付きは3組まで。今日、私は1人旅だ。1人客ばかりでも3組まで。客室は空いていても「満室です」となる。しかも火曜と水曜は1食朝食や素泊まりが優先されるそうだ。

「家族でやっているんで、手一杯になってしまうんですよ。それにお客さんも静かな宿のほうがいいでしょ？ははは」

5室が埋まるのは、グループ客が入ったときや全館貸切の時だけ。

「でもね、宴会場がないから水揚げはさっぱり。やっぱりラウンジより宴会場を作っておくんだったかなぁ（笑）」

もちろん冗談だ。そんな気がさっぱりないのは顔を見ればわかる。この商売っ気のないところも快適さの源なのだ。

温泉天国・鳴子を満喫する

鳴子温泉郷は温泉ファンにとっては聖地のようなものだ。西は別府で東は鳴子といったところだろうか。なぜ聖地なのかといえば、泉質がとにかく豊富だから。しかも珍しい泉質のオンパレード。濁り湯なんて序の口だ。

ここ、みやまの風呂も個性的。分析書を見ると「単純温泉」と、なんてことはない温泉に思えるけれど、鳴子の単純泉はひと味違う。口に含めばほのかな鉱物臭、湯の色は紅茶色、浸かればまったりと体を包み込むビロードのよう

ラウンジ外のテラスに置かれた椅子。聞こえてくるのは鳥のさえずり。

16:00 本館見学

本館は1976年築。農林業を営む傍ら、湯治の宿を営んでいたそう。本館1階は改装済みで、2階は昔ながらの客室が残る。各室にキッチン付き。トイレは新館を利用。

本館玄関。正面の階段を上ると本館客室、右へ行くと新館客室。

本館は6畳＋キッチン。調理器具や食器も揃う。布団の上げ下ろしは自分で。

16:30 馬場温泉へ

宿の裏手には「風の道」と名付けられた道がある。東へ歩くと川渡温泉街、西へ歩くと馬場温泉。どちらもゆっくり歩いて10～15分ほど。田んぼが広がるのどかな道だ。

タオルと小銭を持って宿を出発。馬場温泉へと向かう。

両脇には田んぼが広がる。稲の間隔、土質に個人的に興味津々。道草しすぎ。

民家の庭にぽつりと建つ湯小屋。先客がいるときは外で待つ。300円。

な湯。露天風呂もなければ貸切風呂も何もなく、湯船も決して広くない。でも、温泉ファンならきっと思う。

「う～、いい湯だぁ～」（ちょっとオヤジ臭い？）

鳴子に来たなら他の風呂にも入らねばならぬ。川渡温泉には共同浴場もあるけれど、今回は宿の裏の道を散歩しながら馬場《ばば》温泉へ向かうことに。この馬場温泉というのが、みやまの泉質にまた輪をかけた強烈なインパクトを持つ湯で、臭いも色も数段上。さらに大量のガス成分が含まれているようで、湯の表面には泡がはじけたオリのようなものが渦巻いている。湯に浸かれば体に泡がビッシリ。

「うぉ～、最高だぁ～」

成分も強いため、30分も出たり入ったりを繰り返すと、もうノックアウトだ。

デザイナーズ旅館ってなんだ？

宿に戻ると少々湯あたり気味。部屋に戻って寝転がる。で、気が付いた。

「あ、たたみの縁が麻だ。天井には和紙が貼ってある」

細かいところに凝っている、それもみやまの特徴だろう。

ところで、最近はやりの「デザイナーズ旅館」というのがある。その言葉を聞くたびに思う。「デザイナーズ旅館の定義ってなんなんだ？」

温泉ファンなら垂涎の泉質。「最高！」。隣には男女別浴場もある（400円）。

当主の遊佐信一さん。源泉を見学させてくれました。感謝。

18:00 宿に戻る

お散歩していたら、あっという間に夕食の時間。その前にまた、ささっとひとっ風呂！ みやまの風呂は新館にある男女別の内湯のみ。露天風呂や貸切風呂はない。

泉質は単純温泉だけど、湯の色は紅茶色。ほのかに鉱物臭もする湯。

1泊朝食なら1万1700円！自分のペースで連泊したい宿。

シャンプーやボディーソープも無添加のものを使用。気が利いてます。

19:00
夕食

夕食は基本的に18:30〜スタート。今回は「遅めにしたい」とチェックイン時に希望したら「では19:00でもいいですよ」ということに。泊食分離にも柔軟に対応。

「建築デザイナーが作った宿」というのが模範解答なのだろうけれど、建築デザイナーってどんな人だ？　建築家（建築士）やインテリアデザイナーって職は一般的だけど、「私は建築デザイナーです」という人はあまり聞かない。

おそらく、デザインセンスの高い建築士が図面を引いた旅館（もしくはインテリアデザイナーが入った旅館）、ということなんだろうけれど、では、みやまはデザイナーズ旅館なのか。少なくとも、そこいらのデザイナーズ旅館より、よっぽどデザインはいい。機能的で実用的、そして普遍的。これ見よがしの演出がデザインではないのだから。でもデザイナー〝ズ〟ではない。ここはイタガキ〝ズ〟旅館。主人の板垣さんの想いが詰まっている宿なのだ。

さすがに夕食は賛否両論かも

そんなことをうだうだ考えていたら夕食の時間になった。また一風呂浴びてから夕食会場へ。

夕食は食事処(個室)で。広い個室に私1人だけ。プライベート感は十分な上になんだか贅沢な感じだ。

みやまの魅力に夕食を挙げる人も多い。野菜中心の素朴な山里料理。化学調味料を使わず、しっかり調理している。

まずお膳に乗ってきたのは、フキの煮付けや山菜のミズ、ずんだあえなど。どれも優しい味付けでほっとする。

夕食は食事処（個室）で。本館1階は新館にあわせて改装している。

広い食事処だなあと思ったら個室なんだそうだ。なんだか贅沢な気分。

焼き茄子のずんだ和え、ミズ、フキの煮付けなどが並ぶ。岩魚の田楽も。

飛龍頭。自家製でふわふわ。薄味なのも美味しい。大人の味。

大根餅。こちらも自家製。磯辺巻き風にして食べる。これも安心する味。

うっかり撮影前に食べてしまった。味噌を付けたものと古代米入りと。

お椀。まんじゅう麩入り。自家製ササニシキの白いご飯もいただき、終了。

そして岩魚の田楽、大根餅、飛竜頭と続いて、おにぎりとお椀で締め。

「えっ？ もう終わり？」

そもそも、普段はこんなに食べないのだけれど、それでも旅館と考えると拍子抜けするほど簡素な夕食だ。私のような小食や野菜中心の食事をしている人にとっては、〝気が利いている〟内容。でも、さすがにここまで量を絞ると、きっと「もの足りない」という人もいるだろう。

価格も1泊朝食との差を見ると夕食は5000円に設定されている。これを適正と見るか、高いと見るか。

もちろん宿は「素泊まりや1泊朝食歓迎」だから、もし上の写真を見て、「割高だな」と思ったら夕食なしで予約すればいい。鳴子温泉の街まで車で10分。地穴子の蒲焼きを出す店やそば屋など、リーズナブルな店も多い。要は〝イタガキズ旅館〟の価値観にどこまで自分に合うのか、選択すればいい。そして宿も、それを望んでいるように見える。

万人受けはしないけれど……

温泉、空間、食事のすべてに相性が良かったら、貸し農園を借りてみるというのもいいかもしれない。

翌日、宿の裏手にある農園を宿の主人が案内してくれた。

「現在は3人の方に利用してもらっています。1区画

客室に戻ると布団が。畳もきれいだし、寝具も快適。あぁ、いい宿だなぁ。

テーブルには冷たい水が用意されていた。おやすみなさ〜い。

8:00
翌朝

朝食は7:30〜8:30くらい。朝のメインは自家製のササニシキ。コシヒカリと違って淡泊でサラッとしたお米は、どこか懐かしい味。宿の雰囲気と合ってます。

朝食。ごはんはおひつに入ってくる。シンプルだけどどれも美味しい。

新館の外観。この先の森が前方後円墳。さらに先に、みやまの貸し農園。

１００㎡で１年間１万円。もっと利用者が増えると嬉しいですね。畑を利用する方のために、本館客室の利用回数券も用意しているんです」

私が新潟で田んぼをやっていること、田植え体験イベントをしていることなどをそれとなく話すと、大豆畑をみんなで作って自家製味噌を今年から造ろうと計画しているのだという。自家製ササニシキの田んぼにも案内してくれた。

けっして万人受けする宿ではないけれど、個人的には大満足。心から癒される１日になった。自遊人読者にとっても最高の１軒になるに違いない。

自家製ササニシキの田んぼに案内してもらった。いい稲が育っていました。

１区画100㎡の貸し農園。１年間10,000円也。みやまの宿泊回数券あり。

山ふところの宿　みやま

【宮城県・川渡温泉】

超私的評価

★★★★☆

★まあ悪くないかな
★★けっこういい、悪くない
★★★かなりいいじゃない！また来たい！
★★★★もう最高！文句なし！
★★★★★これは日本有数のレベルですよ

気ままな１人旅にもおすすめ

新館は２名利用時、１泊２食16,950円～。基本的に１日３組しか２食付きの客を取らないので、館内はいつも静か。＋2,000円で１人旅に対応してくれるのも嬉しい。本館なら１名でも素泊まり4,875円、朝食付き5,925円。

■ 温泉 ★★★☆☆

自家源泉かけ流し。紅茶色でほのかに鉱物臭がある。小さな内湯のみだけど雰囲気がいい。

■ 料理 ★★★☆☆

化学調味料を使わず、地場の食材だけで作った食事。ササニシキは減農薬で自家栽培。個人的には「また食べたい！」料理で大満足。ただし「年に一度の贅沢に」という人には絶対に不向き。

■ 風情＆ロケーション ★★★☆☆

国道から入った集落の外れにある。まさに〝山ふところの宿〟。茅葺き民家は主人の生活の場。その隣に湯治用の本館、新館が並んでいる。

■ 接客＆サービス ★☆☆☆☆

細やかなサービスはありません。でも十分です。

■ コストパフォーマンス ★★★★☆

２名利用時の１泊２食16,950円～もかなり安い。でも１泊朝食11,700円～はもっと安く感じます。

! こんな人におすすめ！

「田園風景が広がる田舎でのんびりしたい」という人におすすめ。宿では１泊朝食や素泊まりも歓迎しているようで、プチ湯治にぴったり。快適さは新館だけど、リーズナブルな本館も１人旅には魅力。連泊は新館1,000円、本館500円引きになる。

! こんな人は行ってはダメ！

露天風呂も貸切風呂もないので、「露天風呂くらいなぜないんだ」と思うなら絶対に行ってはいけない。「豪華な料理を」なんて人も他の宿へ。また至れり尽くせりのサービスを求める人は鳴子温泉街の宿へどうぞ。

源泉にこだわる奥飛騨の人気宿。

山のいおり 草円《そうえん》

【岐阜県・福地温泉】

いい宿激戦区、奥飛騨・福地温泉に建つ『草円』。5年前のオープン以来、抜群の自然環境と豊富な源泉を武器に進化を続ける、評判の1軒。

1泊2食　**19,650円～**

2009年6月5日（金曜）に古民家客室「木庵」に大人2名で宿泊。
ネットでの割引プランは基本的にないようで、1泊2食21,650円の正規料金で宿泊。登録文化財の古民家客室「煙香庵」25,650円。新築の「草庵」19,650円。休前日2,000円増、繁忙期・特別期間4,000円増。基本的に現金精算のみ。カード利用時は別途加算金が必要。（税・サ・入湯税込）住 岐阜県高山市奥飛騨温泉郷福地温泉831 電 0578-89-1116　食 夕食・朝食：食事処　♨ ナトリウム-炭酸水素塩泉（成分総計1,072mg／kg）男女別半露天風呂各1、男女交替制露天風呂2、貸切露天風呂付き内湯3 施 和室15（全T付）　イン15:00／アウト11:00　交 電車 JR中央線松本駅から特急路線バスで約1時間40分、JR高山線高山駅からバスで約1時間10分 車 長野自動車道松本ICから約1時間10分、中部縦貫道路高山ICから約1時間

ロケーションと建物は抜群

奥飛騨・福地温泉。今では全国に数ある古民家移築の宿は、ここから始まったと言っても過言ではない。その古民家ブームの火付け役ともいえるのが『湯元長座』。ずっとそこに、１００年以上昔から佇んでいるように見える建物も、実は１９８９年に移築されたもの。敷地に一歩入ると、そこには旅人のイメージする〝奥飛騨〟が、そのまんま存在している。ここで、「なぜ長座？」と思った人も多いに違いない。が、それには理由がある。今回覆面取材で訪れた『山里のいおり 草円』は長座から婿養子をもらっている。長座は奥飛騨に古民家＋囲炉裏というスタイルを定着させた宿。その分家の『かつら木の郷』は、豊かな自然環境に、離れ形式というプライバシー重視のスタイルを持ち込んでやはり奥飛騨の人気宿になった。では草円は何を特徴にして人気宿になったのだろうか。なにしろ自然環境は抜群だ。温泉街から1本道をそれた平湯川沿いに建ち、パブリックスペースから人工物はほとんど見えない。福地温泉随一のロケーションであるのはもちろん、奥飛騨全体を見渡しても5本の指に入るのは間違いない。

建物も素晴らしい。間口11間半、桁行7間半の切妻入り母屋造りの大型民家は天保7年（１８３６年）に建てられ

16:00 到着

東京方面からは長野自動車道松本ICから1時間強。名古屋方面からは中部縦貫道路高山ICから約1時間で福地温泉。チェックインは15:00〜だけど、やや遅めに到着。

とくに到着時間は伝えていなかったけれど、玄関でスタッフがお出迎え。

チェックインは母屋フロントで。煙香庵は登録文化財、天保7（1836）年築。

フロント横の囲炉裏端で自家製わらび餅とお茶をいただき、ほっと一息。

たもの。オープンと同時に清見村から移築して、草円の母屋、「煙香庵《えんこうあん》」として蘇った。

私は2005年のオープン当初に取材したのだけれど、その時、主人の坂下さんは「私はみんなが集う宿を作りたい」と言っていた。いわゆる〝お篭もり宿〟ではなく、みんなが囲炉裏に集い、食事処に集う宿にしたい、と。ただし開業当初は煙香庵のインパクトがあまりに強く、一方で庭木が小さく、どこかちぐはぐな印象だった。古民家移築の宿は、数年経って周囲の景観に馴染んでから、その良さが出てくる。だから、当時こう感じたことを覚えている。〝あとは宿が成熟するだけだ〟。

草円は果たしてどう成熟しているのか、訪れる前から楽しみだった。（※注　草円は、長座やかつら木の郷と姉妹館ではない。草円の坂下さんは『まつ屋旅館』へ婿入りしたため、草円はまつ屋の新館という位置付けが正しい）

時間が経って円熟味を増す空間

草円は想像以上に良くなっていた。庭木は生長し、石は変色し、建物もしっとり落ち着いてきた。あと5年、いや10年くらい経った方がより重厚感を増すだろうけれど、それにしても、新築より築年数が経った方がいい建物なんて、そうあるものではない。やはり古民家は凄い、とあらため

17:00 散策

客室はすべて和室で15室。移築古民家の「煙香庵」2室、「木庵」5室のほか、新築の「草庵」8室。「草庵」と「木庵」の各部屋の造りはほぼ同じ。全シャワートイレ付き。

居間のテーブルには三段重が。中身を見るとお茶請け。気が利いている。

「木庵」は築100年の豪農の館を移築したとか。布団は最初から敷いてある。

予約したのは移築古民家「木庵」。いい雰囲気だけど、窓が小さいのが難。

オープンから4年が経って成熟とともに魅力を増す空間。

「煙香庵」の廊下。いつも打ち水がしてあり清々しい。掃除は徹底している。

湧き水を使ったドリンク販売所。缶ビール350円、缶ジュース150円など。

て納得。ただし客室には少々不満を感じた。実は以前取材した時、「木庵《もくあん》」だけは見ていなかった。だからこそ木庵を予約したのだけれど、部屋に入ると、「く、暗い」。せっかくの風景なのに、とても窓が小さいのだ。雪国の2階はこれが普通、といえばたしかにそうなのだけれど……。

とはいえ「人が集う宿にしたい」と言っていたように、母屋、煙香庵の囲炉裏端はすこぶる居心地がいい。かすかに聞こえるせせらぎ、そして薪のはぜる音、なんだか眠くなってくる。いかん、いかん。眠ってはいけない。この宿には風呂が3カ所、男女交替制も合わせると、入れる風呂が6カ所もあるのだ(湯船で数えると9つ)。ということで、まずは家族風呂へ。

2008年夏に新露天風呂をオープン

家族風呂は母屋を一度出て、通りの反対側に歩いていく。以前のまつ屋の男女別浴場と家族風呂の3つを利用したもので、すべて露天風呂付き。とくに男女別だった2つの浴室は露天風呂も大きく、貸切利用の満足度大だ。

そして渓流沿いの素晴らしい露天風呂が「森の湯」。2008年夏にオープンしたばかりで、この風呂ができたことで宿の魅力はグーンとアップしたと思う。湯船は小さいけれど川はすぐ目の前、というよりも、手を伸ばせば川

館外の家族風呂へ。3つの家族風呂のうち2つは元男女別浴室。広い！

3つとも露天風呂付き。なお草円のすべての湯船が源泉かけ流し。

家族風呂棟の休憩所。家族風呂は共同源泉を引湯、加水あり。

一度、宿にもどって再び館外へ。川沿いの「せせらぎの小径」を歩き……。

男女交替制の露天「森の湯」へ。「釜湯（143ページ）」と「岩湯」がある。

男女別大浴場の「福の湯」へ。こちらも客室棟とは別棟。24時間入浴できる。

ミストサウナ、洗い場付き。湯船は半露天。ナトリウム-炭酸水素塩泉、加水なし。

に手が届く。奥飛騨には渓流沿いの露天風呂がたくさんあるけれど、これほど川に近い露天風呂は貴重だ。

同行した編集部Yは「湯船が小さいから、どうせだったら貸切にしちゃえば良いのに」と言っていたけれど、それはちょっと違うと思う。ここまで貸切にしたらお篭もり宿になってしまうから。それに風呂の数がたくさんあるから、湯船は小さくても混み合うことはほとんどない。男女別は「正解」だろう。渓流からはちょっと離れているけれど「森の湯」以上に気持ちいいのが大浴場の「福の湯」。大浴場と聞くと内湯を想像するけれど、実際には半露天。というより一般的な考え方では露天風呂だ。ドカーンと正面が開口部なのだから。

温泉への取り組み姿勢が素晴らしい

しかも。この宿は温泉に対する取り組みが真面目だ。自家源泉は地下３００ｍから湧出しているそうだけれど、温度は59度という高温。普通はこれだけ温度が高いと沢水で加水してしまう。でも草円では熱交換装置を導入して自家源泉への加水は一切なし（共同源泉を利用した貸切風呂と森の湯は加水あり）。熱交換後の温水はシャワーや床暖房に利用している。さらに……。風呂から上がった編集部Yが言った。

大浴場と「森の湯」は自家源泉を利用。休憩スペースには飲泉場も。

18:30 夕食

夕食は「木庵」1階の食事処で。全席が囲炉裏テーブルで、掘りごたつ風の席もある。残念なのはスタート時間が18:00、または18:30からと融通が利かないことか。

食事処の入り口ではかまどでご飯を炊いていた。う〜ん、いい香り。

衝立で仕切ってあるので、そこそこのプライベート感がある。

自家源泉は高温だけど熱交換して「加水なし」を実現。

自家製梅酒と前菜。典型的な旅館料理だけど、けっこうちゃんとしてる。

水無月のお吸い物「真丈 白瓜 口柚子」。編集部Y曰く「期待値以上」。

「なんかこのお風呂、やけに清潔じゃないですか？　さっきの森の湯も、渓流沿いなのに木の葉1枚落ちていなかったんですけれど」

そう言われてみると、湯船も洗い場もピカピカだ。すると壁にかけられた源泉利用状況表を見てYが言った。

「ここ、毎日換水して清掃してますよ」

あたりまえに聞こえるかもしれないけれど、毎日換水して清掃する温泉旅館は少数派。というより、最近までほとんどなかったといっても過言ではない。それだけ大変だし、それだけ温泉の新鮮さにこだわっているということだ。

「お風呂は最高だし数も多いし、1泊じゃ堪能できないですよ、この宿は。かなり気に入ったんですけれど、ホント」

夕食はこの価格帯なら十分なレベル

夕食は囲炉裏テーブルを配した食事処で。内容は典型的な〝奥飛騨スタイル〟の旅館料理。メインは飛騨牛。岩魚《いわな》と五平餅も定番だ。正直、この手の料理は少々食傷気味。奥飛騨はどの宿へ行っても囲炉裏端で飛騨牛と岩魚だし、それ以外の料理にこれといった特徴はない。と思っていたらYが言う。

「こういうの、普通の人は好きだと思いますよ。岩佐さんみたいに、しょっちゅう宿に泊まっている人は飽きてるか

囲炉裏で岩魚とじゃがいも入り五平餅を焼いていただく。雰囲気良し。

今や奥飛騨の定番、飛騨牛。囲炉裏で網焼きに。肉質はなかなか良い。

「お凌ぎ」は山菜おこわの柏葉包み。でも、すでに腹八分目。

「冷し物」。茄子、冬瓜、プチトマト、鶏そぼろ、絹さや。野菜料理が嬉しい。

釜炊きご飯と汁で締め。1泊2万円でこの内容なら文句はありません。

デザートはマンゴーアイスとさくらんぼ。20:00頃にはごはん終了。

他の宿の風呂も利用できる福地温泉名物〝もらい湯〟へGO（宿泊客のみ）。

もらい湯は一軒のみ可。今回は福地温泉唯一の濁り湯、「孫九郎」へ。

もしれないけれど、私は悪くないな。うちのお母さんなんて喜びますよ、きっと」

たしかにそうかもしれない。味は悪くない、というより他の奥飛騨スタイルの宿より間違いなくいい。

「かなり美味しいですよ。だって1万円台の宿でしょ」

たしかにそうだ。今日宿泊しているのは2万1650円の木庵（移築古民家）だが、草庵（新築）は1万8650円だ。近年、1万円台後半のいい宿が続々値上げしたことを考えると、草庵の価格にはかなりの割安感がある。木庵だって十分安い。（草庵と木庵の客室は基本的に同じつくり。違いは古材を使った建物か、新材で建てたものか。ちなみに景色がいいのは木庵だけど窓が小さく、草庵は窓が広いけれど目の前は畑だ）

そう考え直すと、草円の料理がぐっと美味しく感じる。それぞれの素材も悪くない。もちろん1品ずつ、温かいものは温かいうちに目の前に運ばれてくる。しかもご飯は釜炊きだ。うん、たしかにこれ以上望んだらバチが当たる。

う～ん、いい宿だ

翌朝は平湯川沿いに続く「せせらぎの小径」を歩いて朝市へ。小鳥のさえずりとせせらぎに心から癒される。いやぁ、本当にいい宿だ。そして朝食を食べようと食事処に行

7:00
翌朝

福地温泉では毎朝、地元の野菜や山菜が並ぶ朝市を開催。宿泊者だけが無料で利用できる足湯「舎湯（やどりゆ）」もある。宿だけでなく温泉地全体で楽しめるのも魅力大。

毎朝6:30からミニ朝市を開催。山菜や土産物を販売している。

平湯川沿いに続く「せせらぎの小径」をお散歩。あぁ、癒される〜。

「森の湯」のもうひとつの風呂「岩湯」。ロケーション抜群！

山のいおり　草円

【岐阜県・福地温泉】

超私的評価

★★★★☆

★まあ悪くないかな
★★けっこういい、悪くない
★★★かなりいいじゃない！また来たい！
★★★★もう最高！文句なし！
★★★★★これは日本有数のレベルですよ

誰にでも推薦できる平均レベルの高い宿

奥飛騨は競合する〝いい宿〟が多い。とくに福地温泉は人気宿の激戦区。草円は開業からの歴史が浅いため知名度こそ低いけれど、もし他エリアにあったら予約の取れない宿になっていること間違いナシ。

■ 温泉 ★★★★☆

温泉への取り組みは５つ星級。泉質的にはインパクトがちょっと弱いけれど、入浴感はかなりいい。

■ 料理 ★★☆☆☆

18,650円の草庵で宿泊したなら、きっと印象は「かなりいいじゃない！」。典型的な〝奥飛騨スタイル〟の旅館料理だけど、レベルはけっこう高い。

■ 風情&ロケーション ★★★☆☆

温泉街から１本道を隔てた平湯川沿いに建っているため、まるで秘湯の１軒宿のような環境。でも温泉街まで徒歩１分という、いいとこ取り。

■ 接客&サービス ★★★☆☆

接客はシンプルだけど、かなりいいです。

■ コストパフォーマンス ★★★☆☆

今回泊まった木庵もいいけれど、コストパフォーマンスなら18,650円の草庵。クレジットカードは別途手数料加算。

! こんな人におすすめ！

２人旅はもちろん、年に一度の家族旅行やグループ旅行に最適。施設は快適だし、料理は万人向き。福地温泉という温泉地自体が楽しめるのも魅力。大人４人以上で泊まるなら登録文化財の「煙香庵」の客室も格安(23,150円～)になるのでおすすめ。

! こんな人は行ってはダメ！

貸切風呂は３つあるが、部屋に篭もりたいカップル向きではない。「温泉より料理の質」という人もコストパフォーマンスはあまり高く感じられないだろう。風呂がちょっと遠いので足が悪い人にも向いていない。

朝食も囲炉裏端で。8:00～9:00の間に自由に食事処へ行くスタイル。

毎朝8:00から食事処の入り口で餅つき大会。「よいしょ～っっ」。

ってびっくり。なんと餅つきをしている。

なるほど、「人が集うような宿にしたい」と言っていたのはこういうことだったのか、と思わず納得。もちろんそのお餅は朝食の途中で宿泊者に配られる（エゴマと大根おろしが絡めてあった）。

朝食を済ませて、もう一度温泉に入って、母屋の囲炉裏端でコーヒーを飲んだらもう11時だ。宿泊客はみんな、囲炉裏端で名残惜しそうにチェックアウトまでのわずかな時間を楽しんでいる。

いい宿は時間が過ぎるのが早い。

基本的に精算は現金のみ。カード利用時は別途加算金が必要。

フロント横のくつろぎスペースでは喫茶メニューも用意。コーヒー400円。

ありそうでない1万円台夢の宿。

松宝苑《しょうほうえん》

【岐阜県・新平湯温泉】

今や、絶滅の危機に瀕する1万円台のいい宿。皆が思い描く「こんな宿があったらいいな」を求め、「安くていい宿らしい」と噂の『松宝苑』へ。

1泊2食 **13,800円～**

2009年6月6日（土曜）に古民家の「新館」和室に大人2名、1泊2食19,050円で宿泊（正規料金）。新館は1室をのぞき、全室ほぼ同じつくりで、次の間・囲炉裏・トイレ付き。築年数の経つ「本館」は13,800円。通年同料金。客室の細かい指定は不可。（税・サ・入湯税込） 住 岐阜県高山市奥飛騨温泉郷一重ケ根205-128 電 0578-89-2244 食 夕食・朝食：食事処 ♨ ナトリウム-炭酸水素塩温泉と単純温泉の混合泉（成分総計1,416mg／kg）男女別露天風呂付き内湯各1、貸切露天風呂2 施 和室15（全T付） イン14:00／アウト10:00 交 電車 JR中央線松本駅からバスで約1時間45分、JR高山線高山駅からバスで約1時間 車 長野自動車道松本ICから、中部縦貫自動車道高山ICから各約1時間

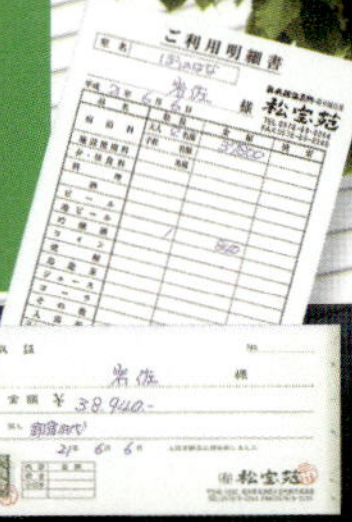

絶滅の危機？ 1万円台の〝いい宿〟

1万円台の宿はピンキリで（というよりハズレが多すぎて）、怖くて泊まれない、という人は多いと思う。だから仕方なく2万円、3万円の宿に泊まる——かくいう私もそんな1人。実際には2万円、3万円、時によっては4〜5万円出しても「おいおい、冗談だろ」てこともあるけれど、少なくとも「いやぁ、これなら家にいた方が良かった」なんてことにはならないわけで。

決して安ければ安いほどいいわけではないのだ。要はコストパフォーマンス。〝信楽焼の壷風呂がベランダにあるから3万円〟とか〝100㎡だから5万円〟とか、そういう話に辟易しているだけ。高くてもそれだけの価値があればいい。でもそんな宿はほとんどないから、だったら安くて気持ちよく過ごせる宿がいい、ということなのだ。

そういうわけで、自遊人本誌で不定期に行っている「日本の宿グランプリ」という特集では「1万円台の宿の部」を設けている。ところが……。ここ2〜3年で〝1万円台のいい宿〟が次々値上げ。1万円台〜という価格表記は残っていても、客室の中心価格帯は2万円を超えていることが多くなってしまった。

しかも価格上限も1万円台の〝いい宿〟となると、本当に

チェックインは14:00。玄関を開けるとスタッフが笑顔でお出迎え。

1998年７月にリニューアル。古民家を移築再生した「新館」が登場。

14:00
到着

東京方面からは長野自動車道松本ICから約1時間強、名古屋方面からは中部縦貫自動車道高山ICから約1時間で新平湯温泉へ。宿は新平湯の中心から離れた県道沿いに建つ。

わずかでしかない。秋田・乳頭温泉郷の『鶴の湯温泉（８５５０〜１万５９００円）』、北海道の『銀婚湯（１万６５０円〜２万１０００円）』、熊本の『地獄温泉　清風荘（７５００〜１万３８００円）』など、首都圏から遠い宿ばかりだ。

（※料金は２００９年３月の自遊人調べ）

もっと有名でもおかしくない

そんなこともあって、1万円台の〝いい宿〟に関しては、常にアンテナを張り巡らせているのだけれど、「次はここかな」と編集部内で声が挙がっていたのが『松宝苑』というわけだ。

もちろん、鶴の湯のような名物風呂を持つ宿と比べると、松宝苑はちょっと分が悪い。でも松宝苑がもっと有名になってもいいポイントはたくさんある。

第１に料金。１９９８年築の新館でも１泊２食１万９０５０円。１９７０年築の本館なら１万３８００円だ。しかも休前日も繁忙期も同料金。これは良心的。

第２に温泉。松宝苑の風呂は雰囲気がいい。とくに露天風呂の先が急斜面になっているので、湯船から人工物は一切見えないし、独特の開放感がある。しかも自家源泉は加水なしでかけ流し。

第３に風情。築１００年以上の古民家を移築した母屋の

設計は古民家再生で有名な「降幡設計事務所」出身の「安藤建築設計工房」。

施設の説明などを受けながら早速、お部屋に案内。本日の宿泊は新館の１階。

欅の柱と梁、そして土間。１万円台の宿でこの雰囲気はなかなかありません。

フロント前の椅子に案内される。そば茶とお菓子をいただきながら記帳。

休前日も繁忙期も同料金。しかも1万台〜ではなく上限1万円台。

囲炉裏は居間と次の間の間にある。固形燃料で火を付けることも。

新館客室はほぼ同じ造りで、1室を除き、次の間、囲炉裏、トイレ付き。

風情は格別だし、四季折々の花が咲き乱れる庭もいい。

第4に料理。1万円台であの品質を維持するのは大変。主人が自ら厨房に立っているからこその内容だ。

2002年のリニューアルでさらに……

私自身が松宝苑を訪ねたのは2度目になる。前回は1998年のリニューアルから間もなく、建物がまだ空間に馴染んでいなかった。移築古民家は少し時を経たほうが、味が出る。そしてリニューアルから11年を経て……それは見事な空間に変わっていた。駐車場から母屋までのアプローチは、まるで映画のワンシーンのようだ。

「聞いていたより、はるかにいいですね」

松宝苑初体験の編集部Yが言う。

「これ、とても1万円台の宿には見えませんよ」

さらに母屋に入ってため息。

「へえぇ。古民家って凄いですね。築11年には思えない。掃除が徹底しているのもあるんでしょうけれど」

客室まで続く廊下から眺める中庭も素晴らしい。と、今度は私がびっくりした。

「あ、本館がリニューアルしてる」

1998年の新館オープン時、中庭に残された本館は、お世辞にも景観に馴染んでいるとはいえなかった。すべて

15:00 散策

新館は2階建て。1階4室、2階4室の計8室。渡り廊下でつながった本館も2階建て。こちらは1階に4室、2階に3室、計7室。本館は囲炉裏、次の間がない分リーズナブル。

敷地は3,000坪。中庭を中心に本館、新館、風呂棟がぐるっと建ち並ぶ。

お茶セットは囲炉裏端に。編集部Y曰く「想像以上にいい宿なんですけど」。

手洗い鉢は地元の作家のもの。トイレはもちろんシャワートイレ。

中庭のほっと一息スポット。館内の草花の管理は大女将の仕事だとか。

庭を歩いて浴室棟へ。男女別露天付き大浴場と貸切露天風呂がある。

お風呂入り口にもこんな休憩スペース。小さい宿ながらの工夫を感じる。

男女別大浴場「長閑（のどか）の湯」。木曽の五木を使った立派な内湯。

が新しいだけに、正直、みすぼらしかった。それがどうだろう。渡り廊下でつながれ、外壁を化粧直ししている。聞けば２００２年に内部も改装したそうだ。

「本館って１万３８００円でしたよね。それってかなり安いですよね」とＹ。

もちろん新館客室のほうが広いし、雰囲気もいいし、設備も充実している。でも１万円台前半という価格を考えると、かなり魅力的だ。

浴室棟は風情たっぷり

客室で一息ついたら、さっそく風呂へ。浴室棟へは中庭を歩くか、本館と渡り廊下をつたっていくか、２通り。

「やっぱり私、お風呂が近い本館がいいです」とＹ。

Ｙのようなものぐさはともかく、足の悪い人にとっては本館１階がおすすめだろう（※客室指定は一切できないが、足が悪いなどの理由がある場合は、できる限り対応するという）。さて肝心の風呂はといえば……。

「すっごくいい風呂ですね」湯上がりのＹが興奮して言う。

木曽五木で組んだ湯小屋は風情たっぷり。しかも湯船に注がれる自家源泉は、加水なしのかけ流し。口に含むとほのかに塩分を感じる良質な湯だ。

「露天風呂も山奥の秘湯っぽくて気持ちいいですね」

内湯の先に露天風呂が続く。自家源泉利用。加水なしの源泉かけ流し。

貸切露天風呂は２つ。「縁（えにし）の湯」。目の前が急斜面なので開放的。

浴室棟と客室棟をつなぐ渡り廊下。途中、自家源泉を見ることができる。

自家源泉を３本所有。ナトリウム-炭酸水素塩泉１本と単純温泉２本。

東京近郊にあったら予約の取れない宿、間違いナシ。

訪れたのは6月初旬。中庭には花が咲き乱れていた。紅葉もいいだろうな。

本館は1970年築。古い建物だけど2002年に一部改装。ここで十分？

松宝苑は新平湯温泉から離れてぽつんと建つため周辺環境も抜群だ。新館の客室は県道に面しているため、かなり音が気になるけれど、お風呂や中庭など、それ以外の空間は静寂そのものだ（なので本館が余計におすすめ）。

気持ち良さなら貸切露天風呂も負けていない。

「湯船は小さくても空間の広がりはこちらが上ですね」

万人受けする飛騨牛メインの夕食

食事は母屋の食事処へ。中央に大きな囲炉裏、そしてそのまわりに囲炉裏テーブルが並んでいる。

料理はご主人の手作り。毎日昼から厨房に入り、包丁を握る。そうでなければ、この内容で1万円台で営業するのは無理だろう。夕食は18時スタートのみと選択できないけれど、それも致し方ない。これ以上のわがままを言うなら、他の宿に行くべきだ（同様の空間、温泉、料理に、さらに時間的なサービスを望むならプラス５０００円は覚悟すべきだろう）。

で、そのお味は。

「飛騨牛もボリューム満点だし、1万円台でこれなら、誰も文句は言いませんよね。友達連れてきたら尊敬されそう」

自遊人の宿大賞で上位常連の野沢温泉『住吉屋』や鹿教湯温泉『三水館』のような特徴ある料理ではない。味付け

料理はご主人が作っているのだという。そうでなければできない価格だ。

囲炉裏料理「飛騨牛の焙烙焼き」。かなりいい肉質。しかも量が多い。

夕食はお膳形式＋囲炉裏料理。「壱の膳」はお造りと前菜などが並ぶ。

18:00 夕食

夕食は新館の食事処「一福庵」。1階と2階があり、全席囲炉裏端、または囲炉裏テーブルで。18:00～のみと、時間の選択ができないのが少し残念だけど、この料金だから。

壱の膳と弐の膳の間に、山菜の天ぷらや温かいお汁も登場。

「弐の膳」。飛騨牛のカルパッチョや、岩魚の朴葉味噌焼きなど。

煮物、汁、漬け物、ご飯にデザートまでのった「参の膳」。もうお腹いっぱい。

腹ごなしに風呂へ。夜はしっとり、また違った雰囲気に。いい宿だなあ。

も濃いし、化学調味料もかすかに感じる。ただ、住吉屋や三水館の料理より、一般的に評価が高いのはこちらだろう。

実は翌朝、チェックアウト前に主人と話す機会があった。そのとき化学調味料のことを聞いてみた。

「ほとんど使っていないんですが、気になりましたか。普段、まったく化学調味料を口にしない人なら、感じるかもしれませんね。だしはちゃんとひいているので、そうですね、使うのをやめましょうかね(笑)。今後の参考にさせていただきます」

いい宿は対応が早い。もちろん、一宿泊者の意見だ。それだけで変えるとは思えない。でも思うのだ。もし変わったら凄いことになる。

もしかして大化けするかも……

温泉の泉質が良くて、食事も健康的で、しかも館内の雰囲気が良くて、1万円台という宿はありそうでない。知っているのは野沢温泉『住吉屋』と北海道の『銀婚湯』、繋温泉『湖山荘』、長野の『高峰温泉』などごく少数。松宝苑はまだそのレベルではないけれど、食事をちょっと変えると、いきなり〝日本有数の宿〟ということになる。

「有名になってから行くより、今のうちから行っておいて、人に自慢したい宿ですね。主人が勉強熱心みたいだから、

6:30
翌朝

夕食後、部屋に戻ると布団が敷かれていた。風呂に入ってバタンキューと朝まで熟睡。翌朝は県道を走るトラックの音で目が覚める。ちょっと風情がないかも？

風呂も基本、24時間営業。清掃のため、9:00〜は利用できないこともある。

朝食は8:00〜夕食と同じ場所で。Y曰く「素朴でいい朝食ですよね」。

松宝苑

【岐阜県・新平湯温泉】

超私的評価

★★★☆☆

★ まあ悪くないかな
★★ けっこういい、悪くない
★★★ かなりいいじゃない！また来たい！
★★★★ もう最高！文句なし！
★★★★★ これは日本有数のレベルですよ

今では貴重な上限も1万円台の宿

１万円台〜の宿ではなく、上限料金も１万円台。しかも休前日、繁忙期も同料金。この内容でこの料金の宿はかなり貴重。個人的には本館でゆったり連泊したいところ（ただし３連泊以上は料理の対応ができないため不可だそう）。

■ 温泉 ★★★☆☆

加温なしの源泉かけ流し。しかも自家源泉。

■ 料理 ★★☆☆☆

１万円台の宿と考えたら★★★。もし料理がちょっと変わったら「もう最高！　文句ナシ！」。

■ 風情&ロケーション ★★★☆☆

新平湯温泉からぽつりと離れているので、秘湯風情もある。特に風呂は最高。ただし新館は県道沿いなので車の音がうるさい。普段は起こすまで爆睡している編集部Yが朝6:30に自ら起きたくらいなので。

■ 接客&サービス ★★☆☆☆

接客や細かなサービスを望む宿ではないので。もちろん、決して悪いわけではありません。

■ コストパフォーマンス ★★★★★

絶対に安い。東京近郊にあったら、間違いなく予約が取れない宿。有名になる前にぜひ。

こんな人におすすめ！

「寝具が清潔で居心地がいい」。宿屋の基本に忠実なので、旅慣れた人におすすめしたい。ふだんは高級旅館に泊まっている人でも「こんな宿ならアリかも」と思うはず。ただし細かなサービスを期待してはいけない。

こんな人は行ってはダメ！

旅館では〝殿様気分〟でいたい人は行ってはダメ。また、私のように化学調味料嫌いの野菜食といった変人は、宿のスタイルに合わせる覚悟が必要。なにしろ料金が安いのだから、それに文句をつけるなら、他に行った方がいい。

館内に飾られているお花もセンスがいい。左に見える階段を上ると……。

朝の囲炉裏料理は朴葉味噌。お膳には自家製豆乳や佃煮、煮物などが並ぶ。

そのうち料理が大化けしちゃうかもしれないし」

もちろん小さな宿だし、従業員数も少ないからサービス面では限界がある。高級旅館のようなわがままにも応えてもらえない。それは食事の時間然り、食事の内容然り。食事内容はアレルギーなどの重要な理由以外、個人的な好みでの要望は一切聞かないという。

でもそれでいいと思う。私たちは〝殿様気分〟を楽しむために旅をするわけではない。いちばんありがたいのは、安くて快適なこと。それがいちばんわがままな要望だと思うのだ。

チェックアウトは10:00。フロントで精算。今度来るときは本館だ、な。

こんな小さな喫茶&ミニライブラリースペースがある。食事処の２階部分。

あの秘湯の真実

ここでダメなら泊まる宿はない？

鶴の湯温泉

【秋田県・乳頭温泉郷】

魅力的な温泉が集まる乳頭温泉郷で、群を抜いて人気が高い『鶴の湯温泉』。その人気の理由は決して「乳白色の湯」だけではない。

1泊２食　8,550円～

2010年４月９日（金曜）に大人２名で宿泊。本当は「本陣」に泊まりたかったが予約がとれないため「３号館」に。１泊２食8,550円。8,550円～15,900円。休前日も同料金（税・サ・入湯税込）
住 秋田県仙北市田沢湖田沢字先達沢国有林50　電 0187-46-2139　食 夕食：客室、食事処・朝食：広間 ♨ 含硫黄-ナトリウム-塩化物・炭酸水素塩泉（成分総計2,920㎎／kg）ほか、男女別内湯各５ほか 施 和室35（T付16）　イン15:00／アウト10:00 交 電車 秋田新幹線田沢湖駅からバスで、「アルパこまくさ」で下車。バス停からは送迎有り（要事前連絡） 車 東北自動車道盛岡ICから国道46号経由で１時間30分

秘湯テーマパーク

雑誌「自遊人」の温泉宿大賞では常に上位。２００８年、２００９年のランキングでは連続第1位だった『鶴の湯温泉』。その人気の秘密について「乳白色のお湯なのでは?」という人も多いだろうけれど、実は個人的には「そうではない」と思っている。

では何なのか。結論を先に言ってしまえば、それは「秘湯テーマパーク」であるということだ。

テーマパークというと、なんだか〝作られた〟〝はりぼて〟な感じがするけれど、ここ鶴の湯温泉は〝昔からあったまま〟〝現代人のニーズにあわせて〟変化した空間。その〝ホンモノ感〟が人気の秘密なのだと思う。

そこで鶴の湯温泉の人気の理由を改めて検証するために、鶴の湯初体験の編集部Yと秋田へと車を走らせた。

日光江戸村みたい?

訪れたのはまだ残雪が残る4月上旬。雪見風呂のシーズンでもなく新緑もまだ先、という完全なシーズンオフの平日。それでも35室もある客室はほぼ満室だった。

圧倒的に人気の高い客室「本陣」は予約時点で空きは前後含めてまったくなし（1泊2食９６００円）。ぽつぽつ空いていたのは、もっとも料金の安い湯治棟の「2号館・

3号館」（1泊2食8550円）と、鶴の湯ではもっとも価格の高い、新しい建物の「新本陣」「東本陣」だけ（高いとはいっても1万2750円〜1万5900円）。鶴の湯の人気は本当に凄いもので、新緑から紅葉までのシーズンはこの不景気でもなかなか予約がとれない。むしろ今回は客室を「選べる」だけラッキーという感じ。で、今回は最安値で泊まれる3号館にしたのだった。

　鶴の湯温泉は乳頭温泉郷のなかでも1軒だけ県道を外れた林道の行き止まりにある。林道はほとんど舗装されているけれど、最後の数百メートルだけ未舗装。おそらく〝あえて未舗装〟なのだろうけれど、そのわずか数百メートルの砂利道が〝秘湯に来た！〟という気分を盛りたてる。そして駐車場に車を止めて荷物を自分で持って前方に進む。と、すぐに絵に描いたような〝秘湯〟が現れるのだ。

　さっそく編集部Yが反応した。

「凄〜い。まるで日光江戸村みたい」

　右手には水車、正面に関所を思わせる門、その奥には萱葺き屋根の「本陣」が連なり、さらに奥に湯小屋が見える。

　日光江戸村は作られた建物だけど、鶴の湯の本陣はわけが違う。本陣は2代目秋田藩主、佐竹義隆公が湯治に訪れた際に警護の者が詰めたと伝わる建物。それが宿泊施設と

舗装された林道を奥へ。最後数百mだけが未舗装になっている。

14:00
到着

電車＋バスの便も意外といい。東京から秋田新幹線で田沢湖駅まで約3時間、駅からはバスで約40分「アルパこまくさ」へ。そこから宿のバスが送迎してくれる。

早めに到着。宿の隣にある「鶴の茶舎」でコーヒーを飲むことにした。

15:00
チェックイン

チェックインは15:00から。日帰り入浴は15:00まで。つまり宿泊客と日帰り客はほとんど一緒にならない、という寸法。なので宿泊客は広い風呂を独占できる。

いきなり現れる萱葺き屋根の「本陣」。タイムスリップした？

帳場で記帳をしたら宿泊棟へ。途中、食事場所や風呂を案内してくれる。

今日の宿泊は湯治棟ということになっている「3号館」。1泊2食8,550円。

して使えるのだ。しかも客室内部は昔の雰囲気をそのまま保ちながら、シャワートイレと洗面が付いている。「本陣に泊まりたかったな」とYは悔しそうだけど、本陣はわずか5室。本当になかなか泊まれないのだ。

日帰りでは体験できない開放感

本陣のいちばん奥にある受付で記帳を済ませて、本陣の向かいに建つ湯治棟、「3号館」へ。湯治棟とはいってもいわゆる東北の鄙《ひな》びた湯治場とは違って、館内は清潔で快適。客室こそ6畳と狭いけれど、冬は気になる暖房もバッチリ効きそうだ。唯一気になる点があるとすれば音が漏れること。隣や向かいの部屋の話し声が聞こえるから、そういったことが気になる人は、建物が新しい「新本陣」や「東本陣」の方が向いているだろう。

一息ついたら浴衣に着替えて風呂へ。なにしろここには名物の混浴露天風呂だけでなく、男女別の内湯が5つもある。1泊ですべて入るには一刻も早く、どこかに入らないといけない。とはいえ、まずは混浴露天風呂へ。よく「鶴の湯はいいけれど混んでいて」という話を聞くけれど、それは日帰り入浴の話。宿泊すれば「混んでいる」ということはまずあり得ない。しかも混浴とはいっても脱衣所は男女別で、入り口も別だから女性も入りやすい。浸かってし

宿泊すれば露天風呂は人影まばら。混雑することはあり得ない。

窓を開けると目の前に「本陣」が。本陣はトイレ洗面付きで9,600円。

3号館の客室は6畳。畳もきれいで快適。洗面とトイレは共同。

廊下を挟んで客室が並ぶ。断熱はバッチリだけど、防音は今ひとつ。

まだまだ現役の自炊場。ちなみに共同トイレはシャワートイレが設置。

アメニティは必要十分といった感じ。ちなみに客室にテレビはない（全室）。

客室にはお茶とお菓子が用意されている。セルフサービスで。

まえばな〜んにも見えない。広い湯船には、ぽつり、ぽつりと夫婦が入っている、という感じ。むしろ女性グループなどが入ってくると、男性は肩身が狭いくらいだ。鶴の湯温泉は女性グループも多いから、ときには混浴露天が女性に占領されることもある。

ちなみにこの混浴露天は足下湧出。湯船の下の砂利から熱い湯がぼこぼこと湧いている。湯加減のいい場所を探して奥へ行ったり、手前に戻ったり。あっという間に1時間30分以上になっていた。本当に最高だぁ……。

部屋に戻ると女性専用露天風呂へ行っていたYが昼寝を楽しんでいた。

「どうだった？　女性用露天は？」

「最高でした。混浴露天とまではいかないけれど、かなり広いし、お湯もいいし。しかも空いています。1時間のうち貸切だった時間がけっこうありました」

鶴の湯温泉は女性にも優しい。それも人気の一因だ。

お客がいっぱいでも常に清潔

けっこうのんびり風呂に入ったけれど、夕食にはまだ時間がある。春以降であればブナ林を散歩する、ということになるのだけれど、まだ周囲は雪。ということで今度は「白湯」と「黒湯」へ。それにしても湯小屋も脱衣所も、絵に

女性用の「中の湯」。成分量が多く、口に含むと苦みを感じる。

「黒湯」と「白湯」。女性用の入り口はそれぞれに分かれ、男性用はひとつ。

15:30 お風呂へ

露天風呂はせせらぎを渡った先に。正面に「黒湯」と「白湯」、右に行くと「混浴露天風呂」と「中の湯」。左に行くと「女性用露天風呂」が。さらに館内に2つの内湯も。

天気が悪いと黒く濁るため「黒湯」。湯船は小さいけれど、湯はいい。

「白湯」。すべての湯の中でいちばん成分量が少ない。とはいえ白く濁る。

足下湧出の「混浴露天風呂」。人影はまばらでぽつり、ぽつりとご夫婦が。

描いたような秘湯だ。建物の壁はすべて黒く塗られ、周囲の自然にしっくりと溶け込んでいる。この雰囲気は九州の黒川温泉をはじめ、九州各地の温泉地で見かけるようになったけれど、ルーツはもちろんここ、鶴の湯温泉。しかも鶴の湯の場合はホンモノの本陣を中心にしているので、重厚感が違うのだ。

「脱衣所とか、すごくキレイですよ。日帰り入浴であれだけお客さんが来たら、掃除は大変だと思うんですけれど」

たしかにその通りで、脱衣所はもちろん、パブリックのトイレもどこも清潔。湯もまめに換水しているようで、先ほど露天風呂に行ったときには、その隣にある「中の湯」がお湯を張っている途中、そして今は「黒湯」の湯が抜かれている。話は前後するけれど、夜に白湯を訪れたときにはちょうど張り替え中だった。以前取材で聞いた話では露天風呂も1週間に一度は全換水するという。足下湧出で、しかもあれだけ広く、しかも床が砂利だと、清掃は本当に大変だろう。

ところで鶴の湯温泉には6種類の源泉があって、それぞれ泉質と成分が微妙に異なる。「中の湯」は苦みが強く、「白湯」は肌触りが柔らかく、「黒湯」は天気が悪いと湯が黒く濁る。「鶴の湯」は足下湧出泉で、「滝の湯」は打たせ湯

館内はもちろん脱衣所も清潔。トイレは全館シャワートイレ。

18:00 夕食

夕食は一斉に18:00から。２・３号館以外は向かいの本陣にある食堂へ。それ以外の客室はすべて部屋食。食堂とはいっても囲炉裏端の和室で、風情たっぷり。

２号館の１階には談話室（休憩室）がある。薪ストーブが暖かい。

湯上がりに帳場前のビールを（有料）。沢水を引いて冷やしている。

真ん中は、あきたこまちをついて団子にして揚げたもの。きのことともに。

ごぼうの煮物。素朴だけどどれも美味。なんの文句があろうか、という味。

ねぎのぬた。ほかにきのこのホイル焼き、岩魚の塩焼き、山椒の小鉢が付く。

として使われている。そのなかでもっとも成分量が多いのが「中の湯」で蒸発残留物は2920㎎。

「やっぱり入るといちばんいいのは中の湯ですね。飲んだときのあの苦みも効きそうな気がするし」とはYの感想。

結局、夕食前に4つの源泉、つまり館内にある2つの内湯と冬期休業の滝の湯以外にはすべて入ってしまった。

囲炉裏端の食事に大満足

風呂に入りすぎて部屋でぐったりしていたら、夕食の時間がやってきた。湯あたり気味だけど、腹は猛烈に減っている。だるい体にムチ打って、向かいの本陣の食堂へ。

実は鶴の湯では2号館・3号館以外はすべて部屋食。本陣は各部屋の囲炉裏端で、東本陣と新本陣の囲炉裏付き客室も囲炉裏端での食事になる（1号館と東本陣、新本陣の囲炉裏なし客室は通常部屋食）。で、今回、3号館にしたのは本陣で食事が食べられるから、という理由もあった。

「やっぱり本陣、いいですね。これが自分の部屋で味わえるなんて、やっぱり本陣が良かったですね」とY。

「だから、本陣は予約がとれないと何度言ったらわかるのだ」と少々切れ気味な私。相部屋形式の食堂とはいえ、本陣には独特の雰囲気がある。囲炉裏には名物の山の芋鍋が、畳にはお膳が並んでいる。

名物の「山の芋鍋」は大鍋で。山芋をすりつぶして団子に。おかわり自由。

部屋に戻ると布団が。もちろんふかふか。とりあえずごろんと食休み？

夜の露天風呂はさらに静か。宿泊者全員が静けさを楽しんでいる。

8:00
翌朝

朝食は8:00から。夕食と同じ本陣の食堂へ。朝食前に露天風呂に入る人も多く、実はいちばん混雑しているのが朝食前だったりして。とは言っても空いているけど。

簡素な朝食。でも内容はけっこうちゃんとしていて好印象。

朝食後は館内の風呂に入らなければ。ちなみに写真は「東本陣」。

東本陣の手前、１号館にある内湯。ここにはシャワーがある。

東本陣の客室。「新しい」といっても風格十分。高級宿のような品の良さ。

食事は決して豪勢なものではないけれど、それがかえって好印象。秘湯らしく、そして田舎の宿らしい料理がずらりと並ぶ。そこにさらに、敬語一切なし、秋田弁そのままのスタッフが秘湯気分を盛りたてるのだ。最初はあまりのなれなれしさに戸惑うけれど、次第に心地良くなってくる。まるでディズニーランドのシンデレラ城ミステリーツアーに参加した気分、とでもいうのだろうか。

「みんな親切だし、スタッフ全員が秘湯・鶴の湯ランドのキャストって感じですよね」

プライスレスとは？

食事が終わると19時30分。その頃にはとっぷり日が暮れていた。ここは自家発電の宿。館内の要所にはランプがともされ、秘湯・鶴の湯ランドにもっとも美しい時間がやってきた。35室がほぼすべて満館だというのに、酔っぱらいの大声はもちろん、おばちゃんの笑い声も聞こえてこない。もちろん鶴の湯にはカラオケもないし、バーやスナックがあるわけもない。客室にテレビがないのも静けさの秘密だろう。全員がその静けさを満喫しているのだ。

　さて、腹も落ち着いてきた20時30分頃、再び混浴露天風呂に出かけた。まるで誰も入っていないかのように静かなのに、よく見ると、また点々と夫婦で湯船に浸かっている

鶴の湯温泉

【秋田県・乳頭温泉郷】

超私的評価

★★★★★

★まあ悪くないかな
★★けっこういい、悪くない
★★★かなりいいじゃない！また来たい！
★★★★もう最高！文句なし！
★★★★★これは日本有数のレベルですよ

秘湯のイメージそのもの、がそこにある

乳頭温泉郷には個性的ないい宿が揃っているけれど、正直『鶴の湯温泉』が群を抜いている。ちなみに秘湯を守る会では、個人的にはこの鶴の湯温泉と、小誌には未収録だけど岐阜の『湯元長座』、青森の『蔦温泉旅館』が三大峰、『法師温泉長寿館』が次点だと思う。

■温泉 ★★★★★

鶴の湯が５つ星でなければどこが５つ星なのか、といった感じ。日帰りと宿泊では印象はまったく違う。

■料理 ★★☆☆☆

特別なものではないし、「美味しいっ！」と感動するわけでもないけれど、これで十分だし、センスもいい。

■風情&ロケーション ★★★★★

秘湯テーマパークと言ってもいいほど、皆が思い描く「秘湯」がそこにある。しかも建物がホンモノなのがいい。

■接客&サービス ★★☆☆☆

接客やサービスを求める宿ではないけれど、これで十分。秋田弁の温かいもてなしに心が癒されます。

■コストパフォーマンス ★★★★★

本陣の9,600円は「日本有数」ではなく「日本一」のコストパフォーマンス。それ以外の客室でも間違いなく「日本有数」。しかもプライスレス。

こんな人におすすめ！

自然と温泉と静けさを楽しみたい人、「秘湯」に行きたいすべての人におすすめ。「乳頭温泉に一度は行ってみたい」という人は、なんとしても１泊は『鶴の湯温泉』へ。２泊目は『黒湯温泉』や『蟹場温泉』あたりに泊まるのがいいだろう。

こんな人は行ってはダメ！

１万円台の宿にも「荷物くらい持ってほしい」とか「送迎時の挨拶がない」とかサービスを求める人や、「あの宿では夜食でおにぎりがでた」とか「無料でジュースやアイスが」とかそういう部分に価値を感じる人。

新本陣の近くにもこんな内湯がある。内湯はどこも風情たっぷり。

「新本陣」はこんな感じ。囲炉裏付きの部屋は「東本陣」ともに15,900円。

冬は暖房費が別途1,050円。それでも１人１泊２食9,075円。安いっ！

チェックアウトは10:00。帳場前のお土産コーナーを物色。

のがわかる。

「びっくりするほど客層がいいですね。いったいどんな人達なんでしょう」とＹ。本当にその通りだ。

　そしてその答えは翌日のチェックアウト時にわかった。向かいの部屋の客は、白パンにジャケットを羽織り颯爽と６畳間を出て行った。斜め前の部屋のおばちゃんは浴衣姿も上品だったけれど、さらに別人に変身していた。

　１泊２食８５５０円。「お金で買えない価値がある」「プライスレス」とはこういうことを指すのだろう。ちなみに鶴の湯で使えるカードはＶＩＳＡだけ、だけれど。

温泉ファン垂涎 木造建築の宿。

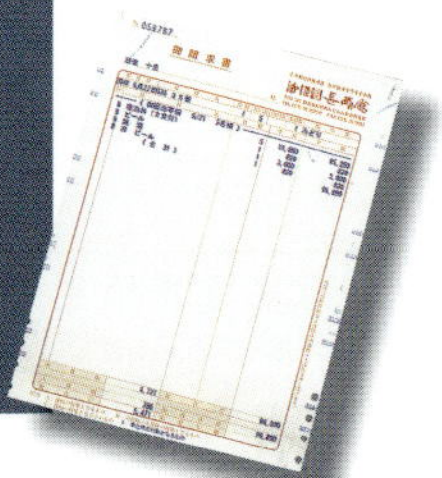

法師《ほうし》温泉《おんせん》長寿館《ちょうじゅかん》

【群馬県・法師温泉】

東京から約2時間で到着する手頃な秘湯「長寿館」。フルムーンのポスターにもなった木造浴舎は登録文化財。特に温泉ファンの支持がアツイ1軒。

1泊2食　**14,850円～**

2008年９月21日（飛び石連休の日曜）に大人５名で宿泊。グループ向けの広い客室が多い薫山荘で、１泊２食19,050円だった。平日は本館14,850円～（６畳）、休前日16,950円～。別館18,000円～、薫山荘23,250円～、法隆殿21,150円～。４～11月は1,050円増。 住 群馬県利根郡みなかみ町永井650番地 電 0278-66-0005 食 夕食・朝食：客室（一部客室と４名以上は食事処） ♨ カルシウム・ナトリウム-硫酸塩泉、単純泉（成分総計1.232g／kg）混浴内湯１、男女交替制露天風呂付き内湯１、女性専用内湯１ 施 全37（T付29） イン15:00／アウト10:30 交 (電車) 上越新幹線上毛高原駅からバスで約１時間 (車) 関越自動車道月夜野ICから約40分

なにも東北まで行かなくても

この宿を知らない人は少ないだろう。40代以上の方なら「フルムーンのポスターになった宿」と言えば「あぁ、あの混浴内湯の」とピンと来るに違いない。そのほか数々のテレビや雑誌に紹介されているから、風呂の写真を見ればほとんどの人が「あぁ、あそこか」と思うだろう。

それだけ有名なのだから、当然人気も高く、気候のいい春から秋までは、ほとんど満室。週末の予約は、なかなか取れない。

ではその人気は単に「有名だから」なのだろうか、それとも「本当によいから」なのだろうか。

長寿館は群馬と新潟の県境、群馬県側にある。車だと月《つき》夜野《よの》ＩＣから国道17号を苗場《なえば》方面に約20分、峠道が険しくなる手前を左手に入り、さらに細い道を15分ほど進む。そして道の突き当たりに、突然タイムスリップしたかのように宿が現れる。それは、人々が思い描く〝秘湯〟そのままの姿。鄙《ひな》びすぎず、かといって作り込まれたテーマパーク的でもない、絶妙な空間。私たちとほぼ同時に到着したご婦人がこう言った。

「なにも東北まで行かなくても、こんな素晴らしいところがあるのね！　たった2時間よ、ここまで！」

15:00 到着

国道17号が峠道になる前に脇道に入り約15分。山道の運転に不慣れでも来られるのが魅力。周囲には家１軒もない、まさに秘湯。東京からたった２時間で着く。

昭和初期のモノクロ写真とほとんど変わらない外観。左手が本館。

本館は明治８年築。引き戸を開けると正面に神棚、左手に囲炉裏が。

玄関右手は帳場。名前を告げるとさっそく客室に案内してくれる。

15:10 チェックイン

客室は登録文化財の「本館」「別館」、豪奢な建築の「法隆殿」「薫山荘」という４棟。今回の宿泊は大人５人で訪ねたため、グループ用の広い客室が多い薫山荘に。

渡り廊下から見た薫山荘。1978年築と長寿館では比較的新しい。

客室は10畳と６畳の２間続きだった。廊下などにはふんだんに欅が！

窓の下には法師川が流れる。川の音のおかげで満館でも喧騒とは無縁。

まさにその通り。東北まで行ってもこれだけの空間はそうはない。あるとすれば乳頭《にゅうとう》温泉『鶴の湯温泉』くらいだろうか。

どの客室もハズレなし

帳場で名前を告げたらすぐに客室へ。今回取れた客室は「薫山荘《くんざんそう》」。本館から法師川を挟んだ向かいに建つ、欅《けやき》造りの豪奢《ごうしゃ》な建物だ。この薫山荘は広めの客室が多い主にグループ用の客室棟で、そのほか「本館」「別館」「法隆殿《ほうりゅうでん》」と宿泊棟は４棟ある。このうちもっとも人気が高いのは、登録文化財の本館客室。客室にトイレはないけれど改装されているため快適で、しかも天井に黒く太い梁が見えるなど風情満点。しかも１泊２食１万４８５０円～（平日２名１室利用時６畳※８畳は１万６９５０円～）と手頃なため人気が高く、ここを取るのは至難の業だ（客室数も少ない）。

法師川沿いに建つ別館も登録文化財。１９４０年築と古いながらも、やはり館内は改装済みで、客室にはシャワートイレ付き。料金も１万８０００円～と本館に次いでリーズナブルなため、別館の予約もなかなか取れない。

では「人気は登録文化財の２棟に集中しているの？」といえばそうでもない。

山の際に沿って建つ法隆殿は１９８９年築と新しいけれ

与謝野晶子をはじめ文人墨客が泊まった本館。杉皮葺きの屋根がいい。

法隆殿の廊下は磨き込まれていてツヤツヤ。客室は8畳+4.5畳が基本。

16:00 館内散策

ここは標高800mにある1軒宿。館内にはカラオケもなければバーもない。もちろんラーメンコーナーもない。そのかわり宿の裏手にはブナの原生林が広がる。

全館シャワートイレ。1940年築の別館もシャワートイレだ。

16:20 風呂

浴場は名物の混浴内湯「法師乃湯」、露天風呂を併設する男女交替制の「玉城乃湯」、女性専用の「長寿乃湯」の3つ。法師乃湯は明治28年築で登録文化財。

本館玄関横には囲炉裏が。お茶が用意されているので自由に。

本館玄関。本館は2階が客室になっていて、おすすめは8畳の和室。

ど、建物は今時珍しいほど重厚な日本建築。間取りがゆったりしているだけでなく、建材もいいので風格十分。料金も2万1150円〜と決して高くないので、これまた予約が取れない。

実は長寿館に個人的に宿泊するのは3回目。本館、法隆殿、そして今回は薫山荘の宿泊だけれど、どの建物も甲乙付けがたい魅力がある（取材ではすべての客室をつぶさに観察したことも）。「どこがいいか?」と問われれば、「少しばかりの隙間風くらいへっちゃら」というような、山歩きや秘湯探訪が趣味の方なら本館・別館、「秘湯の雰囲気は満喫したいけれど客室は凛とした感じがいい」というような、普段高級旅館に泊まっている方には法隆殿といった感じだろうか。いずれにしても、どの客室でも〝ハズレ〟がないのが長寿館の特徴だ。

混浴「法師乃湯」も登録文化財

風呂の魅力はもう改めて語る必要はないだろう。テレビに、雑誌にたびたび登場するあの混浴「法師乃湯」は、文句なしの気持ち良さ。湯船には玉石が敷き詰められていて、湯はその間から湧き出ている。体を沈めれば時折、ポコッ、ポコポコッと、湯とともに湧く空気の泡が湯面ではじける。湯の良さだけでなく静けさもたまらない魅力で、1時間、

環境、客室、風呂は申し分なし。1万円台でこれ以上、何を望む？

女性専用の「長寿乃湯」。小さい湯船だが、「かなりいいお湯」だそう。

客室は37室あるが、いつも意外なほど空いている「法師乃湯」。

玉城乃湯の露天風呂。正直言って法師乃湯の方が何十倍もいいと思う。

2000年に新設された玉城乃湯の外観。すでにいい味出してます。

2時間はあっという間。今回旅した編集部4人のうち1人はなんと4時間も入り続けていた（しかも女性）！

さすがによく女性1人で混浴風呂にずっと入っていられるなぁと思って聞くと「長寿館は客層がいい」のだと言う。なるほど、たしかにそうかもしれない。年齢層が高いだけでなく（以前、若年層が多い時期もあった）、紳士的な男性が多いような気もする。

「法師乃湯」とは別に2000年に完成したのが男女交替制の「玉城乃湯」。こちらも法師乃湯に負けず劣らず檜《ひのき》の丸太を組み上げた荘厳な湯殿で、外には露天風呂も併設している（築50年が経過したらこちらも間違いなく登録文化財だろう。※登録文化財の重要な登録要件が築50年以上経っていることなので）。

ただしこちらのお湯は循環併用式。新湯注入率は高いようだけれど、足下湧出のかけ流しの、法師乃湯と比べるとどうしても魅力に欠ける。このほか女性専用の「長寿乃湯」があり、こちらは法師乃湯と同じく、足下湧出の源泉かけ流しだ。

長寿館の最大の難点は……

環境、客室、風呂は申し分ない。では「ウィークポイントは？」というと「それは料理」、と書こうと思っていた

玉城乃湯の内湯にはシャワーもある。窓の先には露天風呂が。

18:00
夕食

法隆殿と薫山荘宿泊客はちょっとだけ内容がいい。ちなみに料理内容は以前宿泊したときよりもかなり良くなっているように感じた。一般的な旅館料理といった感じ。

特別な料理ではないけれど……これなら文句を言う必要もないでしょう。

刺身は川魚。お味の方は……まぁ、見た目通りの味です。

料理はボリューム満点。次々と料理が出てくる。ちょっと多いかな。

7:00
翌朝

チェックアウトはちょっと遅めの10:30（チェックインは15:00）。朝風呂に入って朝食をのんびり食べて、部屋でくつろいでから出かけられるのがありがたい。

朝食は一般的な旅館の朝ごはん、といった感じ。こんなもんでしょう。

名残惜しいがチェックアウト。会計は帳場で。クレジットカードも可。

のだけれど……。なんと、料理が以前と比べてかなりバージョンアップしていた。

「料理が悪い、悪いって何度も聞いてきたけれど、これって、決して悪くないよね？」と、初めて訪れた編集部F。

決して特別な料理ではないけれど、料金から考えたら十分納得できるもの。化学調味料が嫌いな編集部の面々にはちょっと厳しいものもあったりするのだけれど、そういうことを気にしないなら〝それなりに頑張ってる〟内容だ。

ではほかにウィークポイントは……アラを探せば「接客」ということになるのだろうけれど、1万円台の宿と考えれば必要十分。アメニティ重視の人にも「ちょっと貧相」ということになるのだろうけれど、宿のアメニティってそんなに重要かなぁ、と思うわけで……（無駄だし、もったいないと思うのは歳のせい？）。

あとは、もっとも多そうな意見は、「法師乃湯の女性専用時間が20時～22時の2時間では短すぎる」ということだろうか。でも前述のように客層がいいのもポイントだ（いつもとは限らないだろうけれど）。となると、最大の難点は「予約が取れない」ことくらいだろうか……。

（※長寿館の浴場はすべて撮影禁止です。そのため浴場の写真だけは以前取材時に撮影したものを使用しています）。

法師温泉 **長寿館**

【群馬県・法師温泉】

超私的評価

★★★★☆

★ まあ悪くないかな
★★ けっこういい、悪くない
★★★ かなりいいじゃない！また来たい！
★★★★ もう最高！文句なし！
★★★★★ これは日本有数のレベルですよ

料理以外はケチの付けようがありません

以前と比べて料理は格段に良くなっているけれど……個人的にはまだ不満。でもそれ以外にはケチの付けようがありません。「東京近郊の木造建築の鄙びた湯宿で、手頃な料金のいい宿を教えて」と言われた時、真っ先に思い浮かぶのがこの宿。この宿で「イマイチ」と言われると……。

■ 温泉 ★★★★★

なにも言う必要はないでしょう。ただし混浴がどうしてもダメな女性は、星大幅減？

■ 料理 ★☆☆☆☆

木造建築の鄙びた湯宿は、料理内容はイマイチのことが多いから……。平均よりはちょっと上か？

■ 風情&ロケーション ★★★★★

登録文化財は「本館」「別館」「法師乃湯」と３棟。しかも原生林に佇む１軒宿。これ以上何を望む？

■ 接客&サービス ★☆☆☆☆

決して悪いわけではありません。普通です。

■ コストパフォーマンス ★★★★☆

もちろん、長寿館よりコストパフォーマンスの高い宿はたくさんあります。でも〝東京近郊の鄙びた湯宿の部〟なら５つ星。個人的には本館８畳と別館がオススメ。

！こんな人におすすめ！

泉質にこだわる人、木造浴舎が好きな人、足下湧出泉が好きな人、「露天風呂よりしっとりとした内湯が好き」という人は間違いなく気に入るはず。木造建築の宿が好き、快適な秘湯への旅を趣味にしている、そんな方にもおすすめ。

！こんな人は行ってはダメ！

温泉ファンの中でも、「露天風呂がないと」という人、混浴が苦手な人は向いてない。また旅の１番の楽しみは料理、という人も違う宿へ。階段が多いので、足が悪い人はちょっとつらいかも。

2食付4500円。湯治部の真実。

藤三旅館《ふじさんりょかん》 湯治部《とうじぶ》【岩手県・鉛温泉】

東北の湯治場は安いけれど、1泊から受け付けてくれる宿は意外と少ない。しかもボロすぎる宿も多く……。湯治部なら『藤三旅館』がイチオシだ。

1泊素泊まり 3,500円～

2010年4月8日（木曜）、大人2名で楽天トラベルの「感謝プラン」を利用して1泊2食4,500円で宿泊。素泊まり3,500円～（テレビ＋布団※アメニティ別途）、湯治部1泊2食6,000円～（税・サ込）（テレビ＋冷蔵庫＋扇風機（冬はこたつ）＋布団＋タオル＋浴衣代込み）、「被災地応援・ボランティアプラン」湯治部1泊2食4,500円（税・サ込）（テレビ＋布団※アメニティ別途）住 岩手県花巻市鉛字中平75-1 電 0198-25-2901 食 夕食・朝食：客室 ♨ 単純温泉（成分総計459.1㎎／kg）、混浴内湯、男女別露天風呂付き内湯各1ほか 施 和室80（全BTなし）🕓 イン15:00／アウト10:00 交 電車 JR東北本線花巻駅より無料シャトルバスで45分、県交通路線バスで32分 車 東北自動車道花巻南ICから県道12号を経由して約20分

湯治の方法
一入浴の心得
鉛温泉適応症
一浴用
二飲用
禁忌

湯治部が観光客で大人気

かつて、雑誌「自遊人」で藤三旅館の湯治部を紹介したことがあった。１泊素泊まり１５００円～（２名宿泊時）。布団や浴衣、アメニティなどは別料金。１５００円は完全な室料とはいえ、安い。〝つまらない高級旅館に泊まるなら藤三旅館の湯治部に１カ月いた方がいい〟という記事だった。この記事には大反響があり、その後、湯治棟を中心に集めた特集を組んだりもした。

それから時は流れ……なんと藤三旅館の湯治部は、１泊利用の観光客で大人気という。観光客には布団や浴衣やアメニティが別料金というのはわかりにくいらしく、すべて込みの１泊２食付きのプランまで登場。楽天トラベルなどでネット予約まで受け付けているではないか！

果たして藤三旅館の湯治部は、今、どうなっているのか。デジカメ片手にイーハトーブの郷、岩手県・花巻まで車を走らせたのだった。

客室には隙間風がビューッと

それにしても花巻は遠かった。東京からだと５００kmオーバー。高速料金は平日昼間割引で９１５０円。「高速料金の無料化はどうなってしまったのだ、民主党！」と言いたくなる（せめて早く全日２０００円にしてくれ！）。ガ

ソリン代まで入れたら片道約１万６０００円。そんなに料金をかけて４５００円の宿に泊まりに行くのもどうかと思うけれど、まぁ、皆さん、藤三旅館のためだけに行くのではないのだろう。

花巻は遠いけれど、花巻南ＩＣから宿は近い。道幅の広い快適な県道12号線を鼻歌まじりに進むと20分ほどで鉛温泉の１軒宿、藤三旅館に到着。正直、あまりに道が良すぎて、「秘湯」というにはちょっと物足りない感じだ。とはいえ宿の外観からは東北の湯治場の雰囲気がぷんぷん漂っている。うーん、なんか、いい感じ。

玄関は湯治部と旅館部は別になっている。湯治部の玄関に車をつけて荷物を降ろしていると、白髪のちょんまげ姿（長い髪を後ろで結んでいる）のおじちゃんがニコニコしながら帳場から出てきた。

「はい、いらっしゃい（ニコニコ）」

「予約していた岩佐です」

「あぁ～、岩佐さんね（ニコニコ）。はい、じゃあ、帳場に入ってね。この湯治部の決まりを説明しますからね（ニコニコ）。はい。今日は楽天さんの感謝プランで１泊２食で承っています。はい。夕食は17時30分、朝食は7時30分、お部屋の前にお持ちします。時間の変更はできません（ニ

15:00
到着

東北道花巻南ICから約20分。東北新幹線新花巻駅からは14:50発と16:50発の２便、無料シャトルバスあり。５名以上なら送迎車も運行してくれる（要予約）。

旅館部と湯治部では玄関から分かれている。坂道を下ると玄関が。

この雰囲気をレトロと捉えるかボロいと感じるかで満足度は大きく変わる。

荷物は係の人が部屋まで運んでくれた。湯治の宿としては親切でびっくり。

帳場に入って宿の説明を受ける。白髪のおじさんも親切。「いい宿だなぁ」。

ひと通り説明を受けて記帳。「今は半数が観光のお客さん」とおじさん。

今日の泊まりは１階渓流沿い。引き戸に鍵はない（鍵付きの部屋もある）。

和室８畳＋広縁付き。雰囲気はいいけれど、防音はないに等しい。

コニコ）。こたつがありますから、ストーブはもういりませんよね。春ですから。使う場合は別料金、灯油代込みで850円です。はい（ニコニコ）。お風呂は……（中略）。では、お部屋にご案内します（ニコニコ）」

なんだかすごくシステマチック。でもこの雰囲気、悪くない。おじさんも優しいし。

客室は「渓流沿いで」と指定しておいた。藤三旅館の湯治部にはなんと80室もの部屋があって、その半分以上が中庭向き（というか反対側の部屋向き）と玄関向き。渓流向きの部屋とそうでないのでは満足度がウン倍も違う。もちろん混雑期には指定できないのだけど、宿泊した4月上旬は観光シーズンでもなく、湯治客が多い時期でもないお客さんが少ない時期。電話で確認すると「大丈夫だと思いますよ」とのことだった。

希望が叶って、客室は渓流沿いの1階だった（読者諸氏が希望通りにならなくても宿に怒らないように）。8畳間＋広縁。けっこう広い（6畳の場合もあるようだ）。窓を開けると、せせらぎというより轟音。雪解けで増水した川が、もの凄い勢いで流れている。ついでに川からの冷たい風がビューッと窓の隙間から進入してくる。

「ストーブ、借りようか」

今では半数が観光客。もっとも〝開かれた〟湯治の宿。

炊事場には鍋や包丁、まな板、電子レンジ、茶碗、皿などが用意される。

15:30
自炊

湯治部だから炊事場もある。今回は玄米と炊飯器を持ち込んだ。「今では1泊2食で泊まる人が多くて、自炊する人はほとんどいないよ」と帳場のおじちゃん。

昔ながらの窓からは隙間風が。夏は網戸付きとはいえ虫も入ってくる。

白猿の湯は混浴。湯船の底から湯が湧く名物風呂だ。石けん利用不可。

15:45
白猿の湯へ

およそ600年前、湯主の祖先が白猿が傷を癒しているのを発見したと伝わる天然岩風呂「白猿の湯」。19:30〜21:00、8:00〜9:00、14:00〜15:00が女性専用。

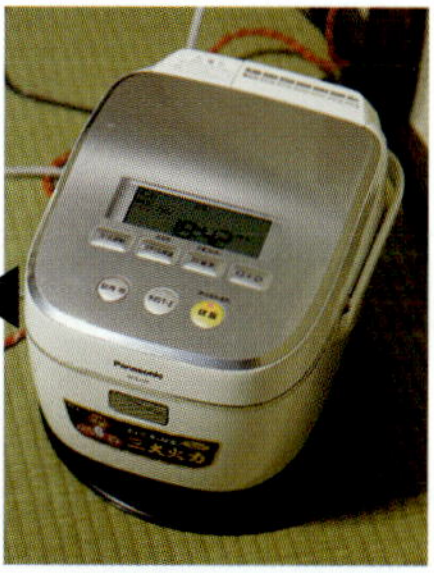

電気機器持ち込み料110円。ちなみにガスはタイマー式で7〜8分10円。

意外といい新設の露天風呂

実は今回の旅には炊飯器を持ってきていた。普段の生活が玄米菜食なので、旅館の食事が何日も続くと辛くなるからだ。ということで、さっそく炊事場へと向かう。一般的な旅館では玄米を炊くという行為はなかなか難しいけれど、湯治宿ならちっとも珍しいことではない。これはけっこう嬉しい。ちなみに家電製品の持ち込みは、１製品あたり電気料１１０円也。

炊飯予約をしたら風呂へ。部屋も寒かったし、炊事場はさらに寒くて、すっかり体が冷えてしまった。藤三旅館には湯治部に３つ、旅館部に２つ、合計５つの浴場があるのだけれど、やっぱり目指すは湯治部の「白猿の湯」。岩盤の割れ目から湯が湧く足下湧出泉で、立って入るのが特徴だ。ただし混浴で、女性は入りづらい雰囲気。

「湯船もそれほど大きくないし、お湯も無色透明。これはさすがの私も入りにくいかも」と編集部Ｙ。周囲から丸見えの長湯温泉のガニ湯や群馬の尻焼温泉、長野の本沢温泉などに真っ昼間に入っていたＹにとっても、白猿の湯は入りにくいらしい。

「女性専用時間に入ることにします」とＹは白猿の湯の反対側にある「桂の湯」へ。

展望風呂と呼ばれる河鹿の湯は2方向が窓。湯船も広くなかなか快適。

湯治部の端にある「河鹿の湯」。ちょっとレトロな雰囲気が、そそる。

男性用のみ一段下がったところにもうひとつの湯船が。これが最高にいい。

男女別「桂の湯」の露天風呂。シャワー設備のある内湯も併設。

湯治部らしい売店。野菜からお菓子、お総菜、雑貨……何でもある。

帳場の前の休憩室。テレビや新聞が置かれている。7:00〜20:30。

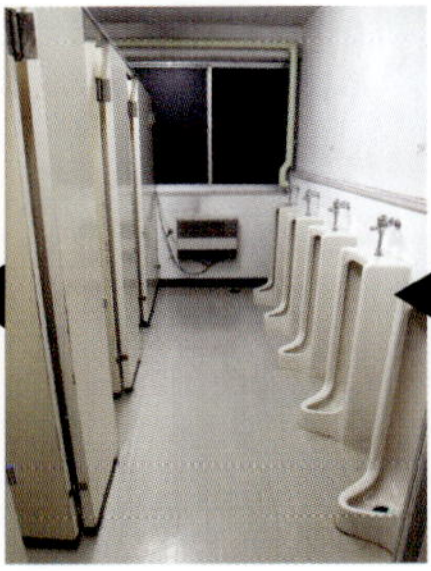
気になるトイレはこんな感じ。個室にはシャワートイレが導入されている。

河鹿の湯に併設された洗面所。反対側にはドライヤーが設置されている。

私はそのまま白猿の湯へどぼん。いちばん深い部分は首くらいまであるだろうか。湯面は川面と同じ位置だそうで、浴室自体が地階に掘りこまれている。見上げると2階まで吹き抜け。静けさのなか、ひとり湯に浸かる。湯は透明だけどなんとも柔らかい。あぁ、最高だぁ！

本当は1時間くらいは入っていたいけれど、まずはすべての風呂に入らなければならない（って別に入らなくてもいいのだけれど、貧乏性なもので）。白猿の湯を上がって、向かいにある「桂の湯」へ。この桂の湯は2005年に新しくできたもので、渓流に面した露天風呂がある。

この風呂は初体験だ。以前訪れたときには藤三旅館に露天風呂はなかった。と、外に出てびっくり。湯がほんのわずかではあるけれど濁っているではないか。しかも湯船のふちが鉄分で茶色くなっている。この源泉は新しく掘削したそうで、どうやら白猿の湯とは成分が違うようだ。さらに。露天風呂に浸かりながら川を眺めて気がついた。なんと、この露天風呂より1段下にもうひとつ湯船がある。浸かってみるとちょうど1人用の広さ。まるで川に手が届きそうで、これは気持ちがいい！

次は湯治棟に端にある「河鹿の湯」へ。2方向に窓があるので明るいのが印象的だ。湯船は広くて快適なのだけど、

1泊2食4500円は夢のよう？ 難点は部屋の防音と隙間風。

旅館部の館内は改装されている。ちょっと風情が失われてしまった印象。

旅館部の外観はこんな感じ。作家、田宮虎彦が逗留して「銀心中」を執筆。

17:00
旅館部見学

旅館部と湯治部は館内でつながっている。ちなみに湯治部宿泊は茶色のスリッパ、旅館部宿泊は青、湯治部外来は赤、旅館部外来は緑と色分けされている。

旅館部の「白糸の湯」。15:00〜翌6:00が男性用、6:00〜15:00は女性用。

旅館部「銀の湯」は15:00〜21:00貸切、〜翌6:00女性用、〜10:00は男性用。

旅館部の階段。古い欅の材は要所に残っているのだけれど……。

前の2つと比べるとどうしても印象が霞む。

そして最後に向かったのが旅館部の風呂。と思ったら、旅館部の風呂は時間交替制で、行った時間はひとつが貸切、ひとつが女性用だった。あぁ、もっと白猿の湯にたっぷり入っていればよかった……。

食事も布団も“ちゃんとしている”

そうこうしているうちに夕食の時間だ。17時30分からというのはちょっと早いけれど、湯治棟ということを考えると適正な時間なのだろう。部屋に戻るとちょうど配膳係が各室に食事を運んでいるところだった。

夕食は部屋の中まで配膳される。食後は部屋の外の廊下に下げることになっている。

お膳に載った料理は意外に豪勢だ。カニ甲羅にカニクリームを詰めた揚げ物、刺身、牛肉の陶板焼き……。菜食の私にはけっこうきついのだけれど、一般的には喜ばれるはずだ。ということで肉はYが担当、私はつけあわせの野菜と自分で炊いた玄米を食べる。

「けっこういい肉ですよ」とY。そういえば前沢牛A5ランクの「しゃぶしゃぶプラン」なんてものもあったっけ。

「白米もちゃんとしているし、刺身も決して悪くないです。1泊2食4500円でこの料理が出てきたら、誰も文句は

17:30
夕食

夕食は部屋まで配膳される。湯治の宿とは思えない豪華な内容だ。素泊まりで泊まって「ごはん1合だけ」とかそんな注文もできる（ごはん1合230円）。

この日の夕食。動物性たんぱく質が多くちょっと太りそうなのが難点。

とはいえ4,500円で何の文句があるものか。部屋での夕食は大満足。

食後は「銀（しろがね）の湯」へ。2～3人で入るのに適した小さな湯。

「桂の湯」の露天風呂へ。目の前の渓流がライトアップされていた。

夜の湯治部。廊下や階段が広く、学校か病院のような雰囲気。

21:00になると、館内は静かになる。テレビを消して静かに過ごす。

7:00
翌朝

朝食は7:00～7:30に配膳される。その前にひとっ風呂。白猿の湯はこの時間、かなり混雑する。なので向かいの桂の湯に入ることに。掘削した新源泉を使っている。

ないですよね。量も多すぎないのがいいと思います」

翌日の朝食もちゃんとしている。朝食はもっとひどいものを想像していた。例えばごはんと味噌汁と海苔と卵だけとか。昔、激安スキーツアーで朝からカレー、というのもあった。いずれにしても、そんなものを想像していたのだけれど、ちゃんと旅館の朝食だった、ということだ。

〝ちゃんとしている〟という点では、いちばん読者が気になるであろう布団もちゃんとしている。湯治棟と聞くと、湿っぽい煎餅布団を想像するけれど、そんなことはまったくない。シーツもパリッと清潔。湿った臭いもなく、朝までぐっすり眠ることができた。

難点はなんだ？

そろそろ結論だ。食事も、布団もちゃんとしていて温泉は最高！ となれば、1泊2食4500円は夢のようだ。とはいえ、快適な暮らしになれた現代人にとっては気になる点もある。

最大の難点は防音。部屋の会話は廊下にだだ漏れだ。かすかに聞こえるレベルではなく、会話が完全に聞こえるレベル。テレビの音も隣の部屋に漏れるから、21時以降は音に相当気をつけなければならない。

部屋に鍵がないのも気になる（一部客室には鍵を導入済

藤三旅館　湯治部

【岩手県・鉛温泉】

超私的評価

★★★☆☆

★ まあ悪くないかな
★★ けっこういい、悪くない
★★★ かなりいいじゃない！また来たい！
★★★★ もう最高！文句なし！
★★★★★ これは日本有数のレベルですよ

湯治部としては日本有数のレベル

日本にはまだまだ湯治部の残っている旅館はたくさんあるけれど、これほど一般の観光客に開放されていて、価格と設備のバランスがいい湯治部はほとんどない。湯治部として考えたら５つ星だ。

■ 温泉 ★★★★☆

「白猿の湯」は泉質、雰囲気ともに最高。「桂の湯」の露天風呂も想像以上に良かった。全浴槽が源泉かけ流し。

■ 料理 ★☆☆☆☆

内容は豪華だけど、ちょっとたんぱく質が多い。「湯治」ということを考えると、もう少しヘルシーな内容でもいいのでは。でも料金を考えたら十分過ぎます。

■ 風情＆ロケーション ★★☆☆☆

湯治場の雰囲気をレトロな風情と捉えるか、単に古いと感じるかは年齢によっても違うはず。売店や廊下のレトロな雰囲気は特に20～30代に魅力的に映るだろう。

■ 接客＆サービス ★★☆☆☆

従業員は全員が親切で丁寧で、びっくりするほど。ただし接客を求める宿ではないので過剰なサービスはなし。

■ コストパフォーマンス ★★★☆☆

１泊２食4,500円は特別プランとはいえ、楽天トラベルを見ると何かにつけてやっているよう。通常の6,000円で考えると★３つ。4,500円なら５つ星間違いナシ。

こんな人におすすめ！

「できるだけ安く東北の湯めぐりを」と計画している人、年に何泊も旅館に泊まって温泉めぐりをしているような温泉ファン。そこそこ快適な施設で長期療養したいと思っている人にも最適。

こんな人は行ってはダメ！

大江戸温泉物語とか伊豆園ホテルグループとか、そういった「激安旅館が好き」といった人、公共の宿に泊まり歩いている人には向いていない。設備はどうしても古いため、比較すると見劣りしてしまう。

朝食。ご覧の通り〝ちゃんとした〟内容。たんぱく質が多いけれど。

桂の湯は源泉２本を混ぜているそうで、混合により濁りが生じるらしい。

チェックアウト。ストーブ、炊飯器の電気料、入湯税込み10,260円（２名）。

チェックアウトの早いお客さんが多く、朝食後の白猿の湯は貸切状態。

み）。貴重品の管理には自分自身で気を配らないといけない。窓から入ってくる隙間風も、春や秋は風流といえば風流だけど、冬はかなり寒いに違いない。冷房がないから夏はかなり暑いだろうし、窓からはたくさん虫が入ってくるだろう。

さて、みなさんはどうだろう。「そんなの気にならない」だろうか。それとも「うーん、ちょっと」だろうか。私自身は、今度は米と炊飯器だけでなく、野菜と調味料を宅急便で送って4～5日のんびりしたい、と思った。もう少し気候のいい5月中旬か、9月下旬に。

居心地の良さと手頃な料金が魅力。

嵐渓荘《らんけいそう》

【新潟県・越後長野温泉】

「けっこう良かった」。最近、よく聞く『嵐渓荘』の噂。実は宿があるのは編集部のすぐ近く。ま、まさか。これぞ灯台下暗し？　早速、覆面訪問！

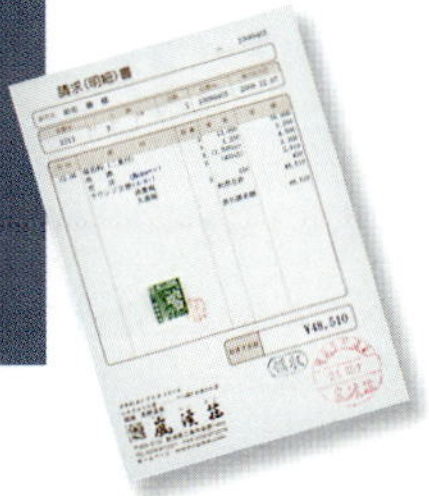

1泊2食　**13,800円～**

2009年12月7日（月曜）に大人3名で1泊2食13,800円で宿泊。食事により「フルコース」と「控目コース」が選べるが、今回は「控目コース」に（※休前日はフルコースのみの受付）。宿泊棟は「緑風館」「渓流館」「りんどう館」があり、リーズナブルなのはりんどう館6畳で「控目コース」13,800円、「フルコース」14,850円、宿泊した緑風館は「控目コース」15,900円、「フルコース」18,000円（税・サ・入湯税込）。【住】新潟県三条市長野1450　【電】0256-47-2211　【食】夕食・朝食：客室、個室　【♨】ナトリウム-塩化物冷鉱泉（成分総計15,570㎎／kg）、露天風呂付き男女別内湯各1、貸切風呂2　【施】和室17（BT付7、T付4）　【🕓】イン16:00（平日は15:00）／アウト10:00　【交】（電車）JR弥彦線東三条駅からバスで約40分。駅から無料送迎有（要予約）（車）北陸自動車道三条燕ICから約40分

日本秘湯を守る会といえば……

「日本秘湯を守る会」のスタンプ帳を片手に、旅を楽しんでいる人は少なくないはずだ。最近、急速に会員数が増えたことで秘湯を守る会の言う「秘湯」の定義が今ひとつわからなくなってきた感もあるけれど、ま、それはさておき。どの宿に泊まってもハズレはなく、粒ぞろいであることは間違いないだろう。

とくに北海道の『銀婚湯《ぎんこんゆ》』、秋田の『鶴の湯温泉』、青森の『蔦《つた》温泉旅館』、群馬の『法師《ほうし》温泉長寿館《ちょうじゅかん》』、奥飛騨の『湯元《ゆもと》長座《ちょうざ》』あたりは、日本のベストオブ温泉宿といった感じ。日本人の持つ「秘湯」のイメージを完璧に保ちながら、万人が満足できる宿になっているところが凄い。自遊人の宿大賞でもこれらは毎回上位にランクイン。もはや、殿堂入りといったところだろう。

もちろん、それ以外にもいい宿が揃っている。山形の『丸屋《まるや》旅館』、栃木の『下藤屋《しもふじや》』、山梨の『白根館《しらねかん》』、静岡の『山芳園《さんぽうえん》』『うえだ』、岐阜の『槍見館《やりみかん》』『すぎ嶋』、九州の『福《ふく》元屋《もとや》』『旅館山河《さんが》』……。書きだすときりがない。

で、今回は『嵐渓荘《らんけいそう》』である。なぜ嵐渓荘なのか。正直、秘湯を守る会の中ではちょっと地味な方かもしれない。

絶景露天風呂や木造の渋い内湯があるわけでもなく、し

17:00
到着

練馬ICから関越道・北陸道経由で計272kmの三条燕ICを下車。その後一般道を約30kmで到着。ちなみにチェックインは遅めの16:00だ(平日は15:00から可)。

裏手の駐車場に車を止め渡り廊下の玄関に。ここもなかなかの雰囲気。

木造3階建ての重厚感ある玄関だが、中は改装されていて、いたって普通。

木造3階建ての緑風館はバストイレなし。今回泊まったのは「菊」、10畳。

お茶を入れて一息。ちなみに緑風館は客室によりかなり雰囲気が異なる。

18:00
館内散策

宿泊棟は3つに分かれ、木造3階建ての本館「緑風館」のほか、1992年築のバストイレ付き客室「渓流館」、もっともリーズナブルに泊まれる「りんどう館」がある。

緑風館3階の廊下。右手に共同のトイレと洗面がある。清潔で快適。

かも温泉は循環利用している。本館の建物は木造3階建てだけど、湯元長座や長寿館のような重厚な雰囲気があるわけでもない。わざわざ食べにいきたい名物料理があるわけでもないし、周囲に大した観光地もない。

もちろん秘湯を守る会にはもっと地味な宿がたくさんある。でも他の錚々《そうそう》たる人気宿の覆面訪問記をまだほとんど書いていないのに、いきなり嵐渓荘というのはちょっと不自然に映るかもしれない、ということだ。

で、なぜか。それは、最近「嵐渓荘、けっこう良かったよ」という声を聞くことが多くなったからだ。

名物の吊り橋はどこ?

嵐渓荘は、新潟・福島県境の名峰、標高1585mの浅《あさ》草岳《くさだけ》へと続く、のどかな里山地域にある。市街地からも近いため「山奥の秘湯」という感じではないけれど、目の前を流れる守門《すもん》川が雰囲気を盛りたて、秘湯風情は十分。なかなかいい感じだ。ただし、ここでちょっとしたアクシデント発生。宿の裏手にある駐車場に車を止めて少し歩くとすぐに玄関があるのだけれど、「あれ? あれ?」ときょろきょろしだしたのは編集部Y。「吊り橋はどこ?」

嵐渓荘というと〝吊り橋を渡った先にある〟というイメージが強いけれど、2004年の水害後、崖崩れの危険性

なにしろ1万3800円だもの。文句を言ったらバチが当たる。

緑風館は駅前料亭だったそうで、「菊」以外の客室はかなり凝った造り。

緑風館１階のラウンジ。夜はちょっとしたバーになる。左手にはカラオケも。

ラウンジには源泉が用意されている。口に含むと強烈な塩分。濃い！

宿のすぐ近くに源泉を使ったラーメン店もあるという。明日寄ろうかな。

18:20 風呂へ

泉質はナトリウム-塩化物泉。泉温が15.5度なので加熱の必要があるのと、湧出量が毎分21ℓなので、循環器を併用。とはいえ……お湯は十分すぎるほど濃い。

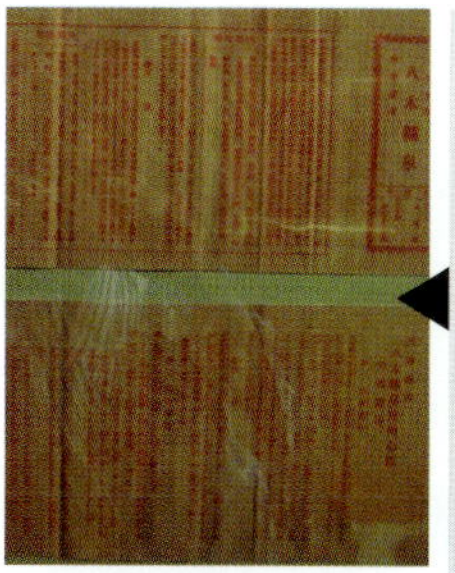

火傷の特効薬として東京八丁堀の薬屋で販売されていた時の効能書き。

があることから吊り橋側の駐車場は〝乗り入れはできるけれど駐車は禁止〟。つまり実質上は使えないため、別の進入路から入る裏手の駐車場を使うことになっているのだ。

予約したのは木造3階建ての本館「緑風《りょくふう》館」。大正末期に建てられた料亭を移築したもので、昔ながらの情緒がウリ。緑風館のほかに1992年築のバストイレ付き客室「渓流館」、リーズナブルに泊まれるトイレ付き客室「りんどう館」があり客室数は全17。うち緑風館は5室だ。

今回は直前に予約した関係で、緑風館とはいっても、木造3階建てらしい風情ある部屋が埋まっていて、改装してある10畳の「菊」に通された。

「な〜んだ、ちょっと残念だね」と、もう1人同行していたFはがっかりしていたが、別に不満をいうほどの客室ではない。むしろ改装されていて快適。窓が小さくて天井が低いのが難だけど、網代天井《あじろてんじょう》や床の間などはセンス良くまとめられている。

「ひとり1万3800円なんだから、贅沢言うなよ」と私。すると、「えっ？ そうなんだ。だったらけっこういいじゃない」とFも態度が一転。

「その料金なら十分でしょ。あとは料理とお風呂だね」とYも満足の様子だった。

海水かと思うほど塩分の濃い湯。湯船の底や縁は成分が結晶化している。

大人が３人入ると窮屈なくらい、露天風呂はかなり小さい。

19:30 夕食

18:00〜20:00に開始。平日のみ「控目コース」の設定がある。酒は地元の「越後五十嵐川」吟醸のほか、「越乃景虎」大吟醸、「八海山」純米吟醸など新潟の銘酒がずらり。

食事は大広間を仕切った個室風の部屋で。今回は「控目コース」で宿泊。

食前酒「野草酒」と前菜。「肉と魚を抜いて」と予約時にお願いした。

名物「ぜんまい一本煮」。新潟産のぜんまいは太く味がしっかりしている。

「ワラビおひたし」。上は長芋の千切り。もちろんワラビも地元産。

「豆腐田楽」。奥は「自然薯」。通常料理は田楽でなく「岩魚塩焼き」。

温泉は循環だけど〝濃い〟

館内をぶらり1周したらさっそく風呂へ。浴場は渓流館1階とりんどう館の先にある「山の湯」の2カ所。山の湯は基本的に貸切利用なので、とりあえずは渓流館の大浴場に。泉質はナトリウム‐塩化物冷鉱泉。かなりの強塩泉で、成分総計は１５５７０㎎／㎏。お湯は循環しているけれど、それでも塩分をかなり感じる。入浴感は循環している影響か、肌触りが若干固いのだけど、十分すぎるほど濃い湯。数分入っただけで身体がぽかぽかになる。

難点はといえば、露天風呂がかなり小さいこと。源泉の湧出量は毎分21ℓ。限りある冷鉱泉を加熱利用していることを考えると、このあたりは仕方のないところだろう。

「控目コース」が嬉しい

夕食は大広間を仕切った個室風の部屋で。実はこの宿、ありがたいことに、「控目コース」という設定があり、通常の「フルコース」に対して２１００円安い（※平日のみ。客室や人数により料金は異なる）。いつも「旅館の料理は量が多すぎる」と思っている私にとって本当に嬉しい話。「控目コースで」と頼んだのはもちろん、さらに「1名は肉と魚をはずしてほしいのですが」と注文してみた。

正直なところ、秘湯を守る会はいい宿が多いのだけれど、

「出過ぎず、目立ち過ぎず」。新潟の県民性が現れている宿。

「酢のもの」。もずく、長芋、胡瓜、ずいき。通常料理では「鯉洗い」になる。

「煮もの（湯葉団子、くわい、酢蓮根、いんげん、紅葉麸）」と「胡麻豆腐」。

「きのこ鍋（くり茸、舞茸、黄金茸、冬野菜）」。体がじんわり温まる。

「揚げもの（南瓜、舞茸、椎茸、蓮根、ししとう）」。通常料理はフグが。

「お吸いもの（なら茸、くり茸、油揚げ団子）」と舞茸ご飯。

「水菓子（特製ココアムースとル・レクチェ）」。「控目コース」で十分な量。

料理に関しては今ひとつ融通が利かない宿が多いのも事実。温泉にはこだわりを持つ宿が多い一方で、料理には無頓着な宿も多い。今回も、「それはちょっと無理ですね」と言われると思ったのだけど、予約時の電話口から帰ってきた言葉は「ご要望をお伺いして、できる限り対処します」。実際に出てきた料理はご覧のとおりで、これがけっこう考えられている。

「直前予約なのに、よくここまでしてくれたね」とFもびっくり。もちろん内容は特別なものではないし、旅館料理そのものなのだけれど、1万3800円だもの、何に不満があるというのか。もちろん、あるわけがない（2名で宿泊した場合は1万5900円）。

「国産のぜんまいって、高額な貴重品だから今どき旅館は中国産が当たり前だけど、やっぱり国産は食感が違うね」

「あ、この強烈な粘り。自然薯もいいね」

けっこうちゃんとしているのだ。

これまたけっこういい貸切風呂

食後は貸切風呂の「山の湯」へ。石湯《いしゆ》と深湯《ふかゆ》の2つがあり、それぞれに内湯と露天風呂付き。今回は石湯に入ったのだけど、内湯も露天風呂も貸切風呂としてはそうとう広い。露天風呂は大浴場のものより広いのでは？　と思うほ

通常料理の「鯉洗い清流仕立て」。新潟の鯉は水がいいので美味しい。

通常料理の「岩魚塩焼き」。妻は自家製のまたたび塩漬け。

通常料理の「牛肉石焼き」。この3点も「控目コース」の内容。ボリューム満点。

部屋に戻ると布団が。布団はふかふかで清潔感バッチリ。おやすみなさい。

「山の湯」へ。16:00頃〜22:00頃は貸切タイム（それ以外は男女別）。

山の湯へ向かう渡り廊下。秘湯っぽい雰囲気で温泉情緒満点。

お風呂の手前にあるスペース。リラックスチェアとCDが置かれ、いい感じ。

山の湯には「石湯」と「深湯」があり、こちらは石湯の内湯。けっこう広い。

どだ。しかもこちらは高台にあるので見晴らしが良く、すこぶる快適だったりする。

貸切風呂の手前には、CDプレイヤーの置かれたラウンジがあって、そこがまた気持ちのいいスペースだ。

「この宿、なんかいい感じだよね」

「全体的に上質。ずば抜けたポイントはないけれどバランスがいいね」

そう。この宿、多方面から「いい」と聞くのだけれど、理由を尋ねると必ず「なんとなく」と答えが帰ってくる。その意味がなんとな〜く分かってきた。

噛めば噛むほど味が出る宿

翌朝、せっかく来たのだから、と敷地内を散策することにした。本館前を少し歩くと、例の吊り橋がある。

対岸に渡ってみる。なるほど、これは絵になる。まるで小説の主人公になったような気分だ。そして反対側の駐車場にも行って、あることに気が付いた。ナンバーを見ると半数以上が「新潟」と「長岡」。つまり地元なのだ。

新潟の県民性は「出過ぎず、目立ち過ぎず、調和をもって良しとする」ことだと聞いたことがある。なるほど、この宿はその典型だ。突出する特徴はないけれど、かといって地味すぎるわけでもない。噛めばじんわり味が出る……

嵐渓荘
【新潟県・越後長野温泉】

超私的評価
★★★☆☆

★まあ悪くないかな
★★けっこういい、悪くない
★★★かなりいいじゃない！また来たい！
★★★★もう最高！文句なし！
★★★★★これは日本有数のレベルですよ

地味だけど実力は評価以上！
評価は地味だけど、泊まった時に感じるコストパフォーマンスはそれ以上。新潟県内で考えれば10本の指に入るいい宿であることは間違いない。

■ 温泉 ★★☆☆☆
源泉は15.5度。湧出量も毎分21ℓと少ないため循環併用式だけど、かなり強い成分を感じる湯質。

■ 料理 ★★☆☆☆
「控目コース」の設定や菜食対応は個人的には★★★★といった感じ。秘湯を守る会の宿は〝温泉はいいけれど料理は……〟という宿が多いので、その中ではかなり頑張っている方だと思う。

■ 風情&ロケーション ★★★☆☆
木造３階建ての外観は風情あり。ただし玄関やロビーなどは普通。とはいえ、吊り橋の向こう側から見る嵐渓荘の佇まい、これは「かなりいい！」という感じです。

■ 接客&サービス ★★☆☆☆
低料金の宿です。多くは望みません。必要にして十分といった接客です。

■ コストパフォーマンス ★★★☆☆
特別に「安い！」というわけではないけれど、コストパフォーマンスはかなり高い宿です。

こんな人におすすめ！
新潟県内はもちろん、隣接県の人にはおすすめ度大。１万円台のいい宿を探して全国を旅している人にもおすすめ。これからの展開にも期待できるので、「昔、あの宿は～」なんて語りたい人は今のうちにぜひ一度！

こんな人は行ってはダメ！
貸切風呂でいちゃいちゃしたいカップルは行ってはダメ。宿の雰囲気は旅慣れた中高年のグループや夫婦向きだ。「温泉は絶対に源泉かけ流し」という人にも向いていない。なお緑風館の１部客室は廊下との仕切りが襖。鍵がないのでご注意を。

以前は駐車場からのアプローチに使われていた吊り橋。今は散策路として。

7:00 翌朝

朝食は8:00～9:30。夕食と同じ大広間を仕切ったスペースで。朝食前にひと風呂浴びたら敷地を散策。宿を象徴する吊り橋を渡って、周辺をぐるり一周すると約30分。

チェックアウトは10:00。ちょっと慌ただしいけれど、ま、仕方ないか。

朝食。名物の温泉粥も登場。塩分がほどよく効いていて、けっこう美味。

といえばいいのだろうか。

そんなところが新潟県民の心にグッとくるのだろう。そしてその感覚は、現代の都会人の嗜好にぴったりはまっている。これ見よがしでない安心感、質実剛健さと堅実さ。そして手頃な料金。

「けっこういい」「なんとなくいい」。

「何がいいの?」と聞かれると困るけれど、なんだか居心地がいい。

まだ全国的には知名度が低いけれど、これからどんどん人気が高まることは間違いないだろう。

料理の美味しい宿

関東近県で最も上質で美味しい宿。

三水館《さんすいかん》

【長野県・鹿教湯温泉】

アメニティにこだわりますか？　霜降り牛肉が食べたいですか？　タオル使い放題に感激しますか？　「ＹＥＳ」なら『三水館』は向いていません。

１泊２食　15,900円～

2008年１月30日（水曜）に大人４名で宿泊。１泊２食18,000円で宿泊。平日15,900円～。休前日同料金。GW・お盆のみ2,100円増。離れの「蔵」は１泊２食26,400円。（税・サ・入湯税込）※クレジットカード使用不可。

住 長野県上田市西内1866-2　電 0268-44-2731　食 夕食・朝食：食事処　♨ 単純温泉（成分総計556.4mg／kg）、男女交替制露天風呂付き内湯2　施 和室４、和洋室１・洋室１、離れ１（全T付）　🕓 イン14:00／アウト10:30　交 電車 JR長野新幹線上田駅よりバス60分、徒歩５分。JR中央線松本駅よりバス50分、徒歩５分　車 上信越自動車道東部・湯の丸ICより40分。長野自動車道松本ICより40分

今日のメインは〝葱鍋〟。えっ? これって地味ですか?

『三水館』を訪ねるのは何回目になるだろう。初めて訪ねたのはまだリニューアル前のことだ。温泉街入り口の道路沿いに建つ冴えない外観の宿だった。一度雑誌で「まるで従業員寮かアパートのような外観」と書いたら、さすがに主人の滝沢さんは「そりゃあ、ないでしょう」と言っていたが、観光客の目線から見ると外観はそんな感じだった。ただし当時から館内のセンスと料理は抜群で、とくに料理は〝信州らしい料理〟〝三水館らしい料理〟の試行錯誤を繰り返していた。

そして現在の場所に移転したのが２００１年。木曽から古民家を移築して新しい三水館が誕生した。当時、実は私たちは雑誌制作のかたわら、旅館のコンサルティングというかプランニング業というか、よろずや的な仕事をしていて、滝沢さんとも将来の宿についてよく話をした。滝沢さんは、新築工事の間、ずっと「お客さんは本当に来るのだろうか」と不安がっていたが、思えばその頃が懐かしい。

ご存じのとおり、今、三水館は押しも押されもせぬ人気旅館だ。人気の秘密は、料理、移築古民家、センスのいい内装、手頃な料金といろいろあるのだが、三水館を見ていて思うのは、人気旅館を作るのはやっぱり〝主人の人柄〟

だということ。料理にも、内装にも、滝沢さんの人柄が映し出されている。

さてそんな三水館だから、覆面で1泊を過ごすなんてことは無理な話。そこで今回は編集部の平澤の個人名で予約して、少なくとも到着まで自遊人の面々であることがわからないようにして出掛けたのだった。

毎日、主人が作る料理

到着したのは18時30分過ぎ。

「お待ちしておりました。平澤さんですね。あれ？　岩佐さんじゃないですか」

さっそく面が割れてしまったけれど、まぁこれはご愛嬌ということで。滝沢さんは「知り合いだから」とか、そういうことで料理内容を変えたりしない人だけど、これで料理に関しては覆面取材の公平性が保てたはずだ。

三水館の魅力はなんといっても料理。この宿には〝板長〟とか〝シェフ〟といった本職はいない。厨房に立つのはご主人の滝沢さんと奥さんの洋子さん、そしてスタッフの方々で、その魅力をひとことで表すならば〝真面目に作っている〟こと。使っている野菜、魚、米、醤油や味噌にいたるまで、すべて「どこでどうやって作られたものか」を把握しているのだ。

「えっ？　そんなの当たり前じゃないの？」

18:30
到着

チェックインは14:00〜で「17:00には到着します」と伝えていたが、こんな時間に。嫌な顔一つせず、ご主人の温かい笑顔でお出迎え。ああ、ホッとする……。

母屋は木曽から移築した築150年ほどの古民家。移築再生なので、快適。

足元は土を使った本物の三和土（たたき）、家具は木工作家・井崎正治氏作。

フロントで鍵を受け取って客室へ。手作りのアップルパイとお茶で一息。

和室10畳にベッドルーム付きの和洋室に。2名利用時は19,050円。

和室と洋室の間のミニキッチン（コンロはない）。ご主人こだわりの空間。

19:00
夕食

ひと風呂浴びたらもう夕食の時間。この宿のウリは、とにかく料理。ご主人曰く「野菜中心の家庭田舎料理をベースとした心ばかりのお料理です」。朝夜とも食事処で。

個室ではないが小さな宿なのでそれほどまわりは気にならない。禁煙。

という声が聞こえてきそうだが、実はこの〝アタリマエ〟のことが高級旅館でも〝ワカラナイ〟のが旅館料理なのだ。

「私はプロの料理人ではないから、材料くらいはいいものを使わないと（笑）」と滝沢さん。当然すべての素材が無添加で、半製品を使わないから仕込みにも時間がかかる。だから来る日も来る日も、滝沢さんは昼から料理を作っているのだ。

豪華食材はまったくないけれど……

今日の料理のメインは〝葱鍋《ねぎなべ》〟だという。実はこの宿、季節ごとの鍋が名物で、春は山菜たっぷりの〝草鍋《くさなべ》〟、秋はきのこたっぷりの〝雑きのこ鍋〟が人気（秋の地物の松茸づくしもスゴイ）。私自身も春と秋ばかり訪ねていて、葱鍋は初めてだ。

前菜に続いて、だしを張った鍋と、ドカーンと皿に盛られたネギと豚肉、そして豆腐が出てくる。

味は文句ナシ。量の割にローカロリーなのもありがたい。と思っていたら、平澤の意見はこうだった。

「今どき、1万円台の宿でもフォアグラとか、霜降り和牛とか出すじゃないですか。それに比べてちょっと地味すぎませんか？　だって料理が魅力の宿なんですよね」

なるほど。そういう考え方もあるだろう。たしかに山菜料理に「山菜は原価がタダでいいね」という人がいる。でもそんなことはない。採りに行くのも下ごしらえも、山菜は大変な

春は〝草鍋〟、秋は〝雑きのこ鍋〟そして今日は〝葱鍋〟。

お酒は日本酒とワインが数種。酒の銘柄は正直、ちょっと少ないかな。

前菜。『玉の湯』に似ているが、それはご主人がファンだからだろう。

メインは葱鍋。白髪葱と豚肉、豆腐を鰹と昆布だしの鍋でさっと湯通し。

鍋の間も料理が次々に登場。信州牛タタキと信濃ゆきますのお造り。

煮物は里芋と大根、鶏そぼろがけ。だしの効いた優しい味わい。

胡麻豆腐。以前より器がずいぶん増えたようで、料理も引き立っている。

のだ。今日は葱だけど、三水館の料理というのはそういうもの。地味だけど手間がかかっている。

「それはわかるけれど、私は霜降り和牛がいいな」

高級旅館のアメニティ

不思議なもので、移築古民家は完成当初より数年経った方が味わいが出てくる。三水館も同様で、古材と着色した新材、そして土壁の色が調和してきた。

客室は4タイプあって、今回予約したのはベッドルームのある和洋室。そのほかリビングルームの付いた洋室、離れの蔵座敷、そして通常の和室が4室ある。このうち2万円以上なのは離れの蔵座敷のみ。通常和室は2名でも1万5900円、今回泊まった和洋室と洋室でも1万9050円（4名だと1万8000円）とリーズナブルだ。しかもゴールデンウィークとお盆を除き、全日同料金。ということで、週末は6カ月前の予約開始からあっという間に満室になってしまう。

「使っている材料は1泊5万円以上の〝富裕層向けの宿〟よりよっぽどいいですね」というのは編集部の吉澤。たしかにその通りだ。一方、平澤が言う。

「でも三水館ってアメニティとか、ずいぶん質素なんですね」

実はそれにはワケがある。リニューアルオープンする直前に、私は滝沢さんに言った。

鍋が終わる頃、口直しに野菜サラダが。さっぱりしてけっこういける。

焼き物は信濃ゆきますの唐揚げあんかけ。ちょっと量が多い気が……。

酢の物でもうお腹いっぱい。でも野菜が多いのでカロリーは控えめ。

せっかくだから雑炊をひと口。もうちょっと品数を減らしてもいいかも。

食事処には地元作家の器も展示。著名ではないが、センスのいいものばかり。

デザートはロビーでいただくことに。床暖房が効いていて居心地は抜群。

ロビーにはみかんが。さすがに今は満腹だから、風呂上がりに。

デザートは、ほうじ茶寒天、白玉、餡。甘さ控えめで上品な味。

「これだけいい建物ができたんですから、蔵座敷に露天風呂を付けて、アメニティを立派にすれば離れは3万円、一般客室も2万円の大台に乗せられるじゃないですか」

すると滝沢さんが悲しそうな顔をして言った。

「アメニティで金額を上乗せするなんて、宿屋としてできません。それに使い捨てのアメニティを立派にしても、もったいないだけでしょう。露天風呂付き客室もこれからの流行でしょうが、私は人が篭もるような宿は作りたくないんです」

滝沢さんは根が真面目な人なのだ。

この話をしたら平澤が大声を上げて反応した。

「えっー？ 高級旅館のアメニティって、その分、価格が上乗せされているんですか？ それじゃ、不要な分は損じゃないですか」

ウィークポイントは？

アメニティ以外にも、三水館は1万円台の宿だから、ウィークポイントはたくさんある。

まず大問題になるかもしれないのが猫。数年前から住みついてしまった〝にゃんぞう〟が、ロビー周辺で寝転がっている。平澤の反応は「かわい〜い、このでぶ猫」だったが、猫嫌いや動物アレルギーの人にとっては問題だろう。

温泉好きにとっては、お湯が物足りない。露天風呂付きの浴場は雰囲気はいいけれど温泉は循環。鹿教湯《かけゆ》温泉全体の湯

有名作家ではないけれど、どれもセンスのいいものばかり。

23:00
風呂・就寝

デザート食べ終えたら、22:00を回っていた。一度部屋に戻り、食休みをしてからお風呂へ。湯小屋はロビーから一度外に出て、渡り廊下を少し歩いた先に。

露天風呂付き大浴場が2つ。お風呂も脱衣所も清潔感が高い。

風情満点。これで温泉が源泉かけ流しなら文句なしなのに……。

全7室の小さな宿。別棟（渡り廊下でつながっている）の離れ「蔵」も。

和室の反対側にあるベッドルーム。ややクッション（マット）が固いかなぁ。

ちなみにアメニティはこんな感じで必要最低限。なんら不自由はしない。

量が少ないため、かけ流しにするのは困難だという。露天風呂に高い囲いがあるのも残念。周囲は田んぼと山しかないのだから、本当は開放的な露天風呂が欲しいところだ。

「どうせなら、貸切風呂のひとつもほしいところですよね。それに脱衣所にドンとタオルやバスタオルも置いていてほしいな。使い放題だと嬉しいじゃないですか」

湯上がりに平澤が言った。実はこれもオープン前に私も話したことだ。滝沢さんはこう言った。

「タオルを使い放題にしたらお客さんは満足するかもしれません。宿泊価格を１０００円上げられるかもしれません。でもなにか、間違っている気がするんです」

客室数はわずか7室、貸切風呂を作らない理由は、言うまでもないだろう。

地味なものに滋味がある

館内はすこぶる快適だ。古民家の宿といっても移築再生だから、寒さとか隙間風とか、そういったものとは無縁。外は雪が降っているけれど、まったくそんな気がしないほど暖かい。

ふかふかの布団に潜り込んだら、あっという間に翌朝だった。時計を見たら8時30分。もう朝食の時間だ。

三水館の嬉しいところに食事時間が柔軟なことがある。もちろん夕食は18時から19時30分のスタート、朝食は7時から

8:00
翌朝

朝食は7:00〜8:30の間にスタートなのだけど、起きたら8:00。ひとっ風呂浴びてから食事に向かう。そんなことにも嫌な顔ひとつしないのが三水館の魅力。

ロビー前のテラス。春から秋はここで朝のひとときを過ごす人も多い。

朝夜で浴場は男女入れ替え。内湯、露天ともに少しずつ意匠が異なる。

鹿教湯温泉の共同源泉を引湯。湯量が少ないため循環している。

朝食も地味だけれど、どれも優しい味わいで、ほっとする美味しさ。

お米にもこだわりあり。朝食のメインは右の写真奥に見える湯豆腐。

ロビーにはコーヒーが用意。セルフサービスでモーニングコーヒーを。

チェックアウトは10:30。宿の前でご主人と一緒に記念写真。

8時30分のスタートと決まっているのだけれど、その時間が30分くらいずれても嫌な顔ひとつしないのだ。

そして今日も気が付けばこの時間。朝風呂に入って食事処に入ったときには9時を回っていた。

朝食も夕食同様、優しい味付けの料理が並ぶ。見た目は地味だけど、できあいの惣菜やレトルトなんてものは一切ない。そして新潟出身、米オタクの平澤が言った。

「このお米、美味し〜い」

そう。三水館とはそういった地味なものに滋味のある宿なのである。

三水館

【長野県・鹿教湯温泉】

超私的評価

★★★★★

★ まあ悪くないかな
★★ けっこういい、悪くない
★★★ かなりいいじゃない！また来たい！
★★★★ もう最高！文句なし！
★★★★★ これは日本有数のレベルですよ

料理は地味だけど地味溢れる。

1万円台で建物、料理ともにしっかりした宿は全国でも数少ない。温泉がかけ流しではないが、周辺には素晴らしい泉質の霊泉寺温泉や田沢温泉の共同浴場もある。

■ 温泉 ★★☆☆☆

浴場は小さいながら風情あり。ただし残念ながら温泉は循環。

■ 料理 ★★★★☆

三水館の料理は〝惣菜〟と〝料理〟のちょうど中間的なもの。高級旅館とは比較できないが、1万円台の宿を基準にするなら文句なしの五つ星。ちなみに今回の「鰹節があまり良くないのでは?」と指摘すると、すぐに鰹節研究を始めた模様。勉強熱心なので、料理は毎年、どんどん向上している。

■ 風情&ロケーション ★★★☆☆

鹿教湯の温泉街から外れた農道の先に三水館はある。周囲はのどかな里山。なお三水館の建物は木曽から移築した築150年の古民家。離れの蔵座敷は松本から移築再生した。

■ 接客&サービス ★★☆☆☆

ほぼ家族経営なので、必ずしも到着時のお出迎え、お見送りができるとは限らない。接客は自然体なので素っ気なく感じるかもしれないけれど必要十分。

■ コストパフォーマンス ★★★★★

料理を重視する人にとっては絶対に安いと思う。高級旅館の画一的サービスに飽きた人に、ぜひ泊まってもらいたい。

！ こんな人におすすめ！

料理が美味しくて上質な宿を探している人。この内容で通年1万円台の宿は関東近県では皆無に等しい。とくに山菜シーズンの「草鍋」はぜひ一度。松茸シーズンもこの宿では正真正銘〝本物〟を使っています。

！ こんな人は行ってはダメ！

料理に豪華食材を求める人。猫アレルギーの人。源泉かけ流しにこだわる人。小さな宿にも大旅館の至れり尽くせりを求める人。バリアフリーではないので階段がきつい人も避けた方がいいかも。

一度は食べたい
氷見のブリづくし。

民宿・磯料理
魚恵《ぎょけい》

【富山県・氷見市】

日本海の冬の味覚、ブリ。とくに氷見ブリは1級品として知られている。そんなブリをお腹いっぱい食べられる宿として地元でも人気なのが『魚恵』だ。

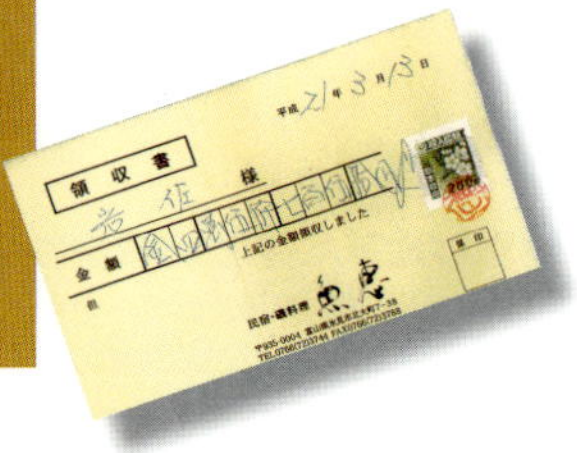

1泊2食 **11,150円〜**

2009年３月12日（木曜）に大人3名で利用。１泊２食11,150円＋別注「ブリしゃぶ」3,500円で、１人14,650円。12月中旬〜２月中旬の「ブリづくし」は18,000円。休前日同料金（税・入湯税込） 住 富山県氷見市北大町7-38 電 0766-72-3744 食 夕食・朝食：客室 ♨ ナトリウム塩化物泉ほか（成分総計2,832mg／kg）※氷見温泉郷の温泉を運び湯（循環して使用）、男女別内湯各1 施 和室６室（全室Tなし）※繁盛期は宴会場を間仕切りしたり、２間続きの客室を襖で仕切って利用 🕓 イン16:00／アウト9:00 交 （電車）JR氷見線氷見駅から徒歩約25分、またはタクシー約５分（車）能越自動車道高岡ICから約20分

日本海に『魚恵』あり

「日本海へ行けば、美味い魚が食べられる」ような気がするのは、なぜだろう。太平洋だって、瀬戸内海だって、オホーツク海だって美味しい魚は獲れる。むしろ、いわゆるブランド魚は日本海以外の方が多い。なのに日本海の魚は美味しい気がする。

なぜだろう。

それはきっと、「わざわざ日本海まで行けば、美味い魚を、安く、たらふく食べられるに違いない」という期待感からなのではないだろうか。

そんな期待感を一気に背負うのが、富山県氷見《ひみ》の民宿『魚恵』だ。もちろん氷見をはじめ、富山県内には数多くの料理自慢の民宿があるけれど、聞こえてくるのは魚恵のウワサばかり。

「とにかくボリュームいっぱいで、食べられないくらい」

「冬のブリ料理は本当に美味しい」

「いわゆる昔ながらの民宿とは違って、施設が快適」

実は私自身、魚恵を訪れるのは2回目だ。前回泊まったときの感想は「地元のお客さんが多いんだなぁ」。つまりそれは、「地元客が多い＝安くて鮮度抜群、ボリューム満点」を意味している。

今回宿泊したのはブリの季節も終わりかけた3月中旬。前回食べたブリの味が忘れられなくて、別注で「ブリしゃぶ」を予約したのだけれど、「ブリはもうシーズンがほとんど終わってますから、そんなにいいものはありませんよ」と宿。「それでも」と食い下がる私に「そこまで言うなら」と用意してくれることになった。あのブリが食べられないのは残念だけれど、もう3月なのだから仕方ない。むしろ、客単価の上がる別注料理を「やめておいた方がいい」というあたりは、やはり良心的な宿だからこそだろう。妙に感心してしまった。

平日なのに地元の宴会で満館!

宿に到着したのは16時近く。玄関の扉を開いて「ごめんくださーい」と声をかけたけれども人の気配がない。ほのかに香ってくるのは煮魚のいーいにおい。でも呼んでも誰もいないし、ほかのお客さんが到着している気配もない。もしかして今日は私たちの貸切だろうか。

しばらくして女将らしき人物が「いらっしゃい」と玄関に。「今日は貸切ですか?」と聞くと、「いえいえ、いっぱいですよ」。もう16時なのに本当? と思いながら部屋に入った。

それは散歩に出かけて、帰ってきても同じだった。しか

今回の旅は列車で。北陸本線高岡駅で氷見線に乗り換える。車窓からは海。

高岡から氷見まで27分。駅から宿までは徒歩25分、タクシーなら5分だ。

16:00 到着

タクシーを降りた編集部Yがひと言。「本当にココ? 料亭みたい」。この驚きが、魚恵が人気たる所以のひとつ。宿は市街地の外れに建つ。1998年に現在地に移転。

3畳の踏込の両側に6畳の和室が。2名で訪ねた前回は、片方だけを使用。

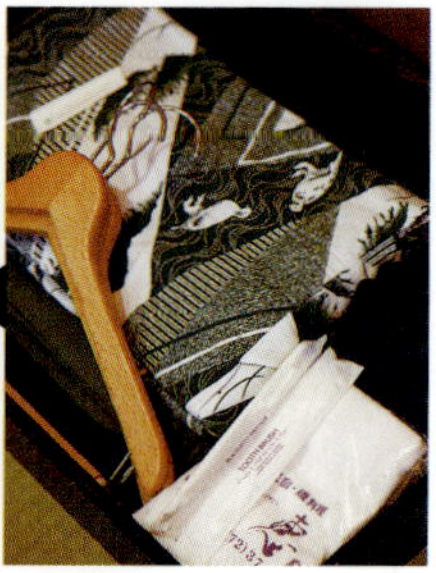

アメニティはタオルに歯ブラシ、浴衣のみ。浴室にカミソリ、綿棒あり。

トイレと洗面は共同。清潔に保たれているので使い勝手も快適だ。

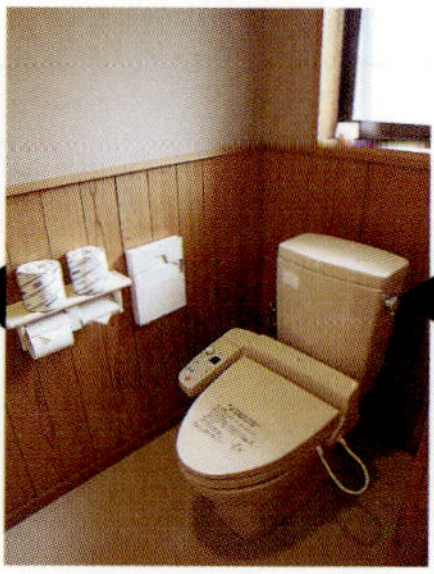

トイレは男女別。1階、2階に各ひとつずつなので繁忙期は混雑しそう。

浴室は男女別で、23:00まで利用可。ナトリウム-塩化物泉を循環使用。

し17時30分過ぎ、急に宿が騒々しくなった。次々とやってくる車。なんと地元の宴会が2組も入っていたのだ。

「今日は平日だよね」と私。

「ド平日もド平日。給料日前の木曜日ですよ」と編集部YとM。

たしかに前回泊まったときも地元の宴会が入っていたし、「うちは宴会も多いんですよ」と聞いていたけれど、それは12月だから、と思っていた。3人で目をぱちくりさせながら、夕食の18時を待つことになった。

シーズンは終わったはずなのに……

18時を過ぎると、料理が次々と部屋に運ばれてきた。そう。民宿というと大広間での食事が一般的だけれど、この宿は部屋食なのである。ちょっとした料亭のような外観、風情ある庭、そして部屋食。人気の理由はこのあたりにもある。

しかし真骨頂はやっぱり料理だろう。「これでもかっ!」というほど、次々に出てくる料理の数々。ちなみに下の写真は1部を割愛したもので、実際には4皿も多い。これで1泊2食1万1150円なのだから、安いというほかない(別注除く)。

もちろん地元の人が集うくらいだから、魚の質も高い。

16:30
散歩

氷見は藤子不二雄Ⓐが生まれた町。商店街には藤子不二雄Ⓐが描いた数々のキャラクターが配置され、眺めて歩くのも楽しい。氷見線には「忍者ハットリくん列車」も走る。

ブリのプリンス「ブリンス」。ほかにも「イカゾウ」「エイチョウ」などが。

藤子不二雄Ⓐの生家である光禅寺。市役所のすぐ裏手にある。

18:00
夕食

夕食は18:00〜18:30にスタート。部屋食が基本というのも民宿では珍しい。今回は踏込を挟んで2室ある6畳間のひとつを食事場所に、もうひとつを寝室に使った。

旬のカタクチイワシの煮物や、ナマコ、セリの白和えなどの前菜。

富山の春の名物ともいえるホタルイカは獲れ始めたばかり。手前はタコ。

刺身盛りはブリ、アジ、甘エビ、ヤリイカ、メジマグロ、クルマダイ。

刺身盛りのブリを食べたYは笑み満面。

「こんな美味しいブリ、今まで食べたことない！」

身が締まっていながら、脂たっぷりなため口当たりは柔らか。口に入れるとほのかに脂分が溶けて、上品なかすかな甘さと香りが広がる。

「脂の質が本当に上品。やっぱり養殖とは比べものにならないし、他の産地の天然物と比べてもぜんぜん違う」

刺し身盛りのもうひとつの主役、旬を迎えたメジマグロも美味しい。でもやっぱりブリの美味しさは際だっている。

1人3切れの刺し身を大事に大事に食べて、ブリの塩焼きは、骨までしゃぶりつくした。

そして、「もう食べられません」という頃になって別注のブリしゃぶが登場。

「オオオッ！」（一同、感嘆の声）

すごい霜降りだ。ピンク色の切り身に、薄く、そして無数のサシが入っている。

「このサシ、部屋の温度で溶けていくね」とY。そう。どんどん白い脂が溶けていくのだ。どのくらい脂が凄いかといえば、箸でつまんだ切り身が滑って鍋に落ちてしまうくらい。前ページの左上の写真を撮る際に、何度も切り身が鍋に落下。いや、ホント、冗談じゃなくて。

地元の人に愛される料理民宿。つまり安くて量が多く、鮮度抜群。

カワハギの山かけ。とろろの下にはタケノコやイチゴなども隠れている。

ブリの塩焼き。旬は過ぎたというけれど、それでも脂たっぷりで満足。

氷見の特産、女良ワカメと、地場のタケノコを薄味のだしでさっぱりと。

地元だからこそ食べられるホタルイカの刺身。内臓の味が濃くて美味。

ブリの姿は見えないけれど味はしっかり染み込んでいるブリ大根。

もっちりとした氷見うどん。これで締めかと思ったらまだ料理は続く。

夕食後、たまたま宿の主人と話すことができた。そこでブリが本当に美味しかったことを告げると……

「もう最盛期のものとは全然違うんですよ。12月末から2月のブリは皮の下に真っ白な脂の層が数センチもある。でも、今の時期はほとんどないですから。魚体も小さくて、今の時期は1尾7kg前後がほとんど。最盛期は15kgとか、18kgとかありますから」

今から来シーズンの予約?

実はこの宿では12月中旬から2月中旬まで「ブリづくし」プランがある。料金は1万8000円也。これだけブリが美味しいならブリづくしにすればよかった、と伝えると、

「いや、ブリづくしができるほどの味じゃありませんから。お客様には本当に美味しいものを本当に美味しい時期に召し上がっていただきたいんです」

さて、読者の皆さんがこの記事を読んでいるのは何月だろうか。今が冬ならすぐ予約がベスト。もしブリが終わってしまった春や夏だとすると……12月を待つしかない。でも残念がることはない。富山湾には春夏秋冬、様々な魚が揚がる。「胃袋を魚でぎゅうぎゅう詰めにしたい」という魚好きの方に本当におすすめ。そして来シーズンの予約もお早めに。

ブリの次に美味しかったのがイワシの天ぷら。旬の魚はやっぱり美味い！

別注の「ブリしゃぶ」は1人前3,500円。霜降りのサシが美しい！

もう満腹なところにご飯と味噌汁、デザートが。別腹にも入りきらない！

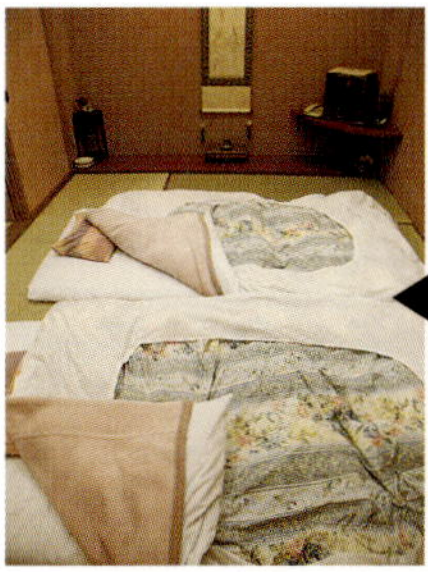

布団は係の人が敷いてくれる。寝具も快適で旅館と何が違うの？って感じ。

5:30
翌朝

5:00起床、5:30に宿を出て市場に向かった。市場まで約15分、セリが6:00に始まるのでそれを見学しようという算段だ。※見学は2階の市場食堂付近からのみ可。

宿に戻って朝風呂を浴びたら朝食。朝食は簡素で「あれっ？」という感じ。

チェックアウトは9:00と早い。もうちょっとゆっくりしたいなぁ。

帰りがけ粗品（白南天の箸が2膳入り）をいただく。タクシーで駅へ。

魚恵

【富山県・氷見市】

超私的評価

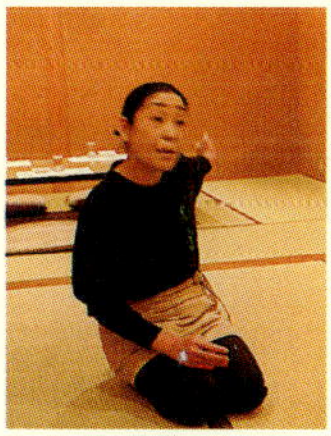

★★★☆☆

★ まあ悪くないかな
★★ けっこういい、悪くない
★★★ かなりいいじゃない！また来たい！
★★★★ もう最高！文句なし！
★★★★★ これは日本有数のレベルですよ

魚好きならぜひ！万人にオススメの宿

「旅の醍醐味は宿の夕食。しかも、魚が大好き！」という人におすすめしたい宿。客室に外鍵がかからないとか。繁忙期には隣の声が聞こえるなどの難点はあるけれど、誰もが「ここが民宿？」と思うはず。

■ 温泉 ☆なし

塩分も感じる温泉ですが循環式。浴室も小さいので……。でも「民宿の風呂」と考えれば★かな。

■ 料理 ★★★★☆

通常料理なら３つ星だけど、「ブリづくし」や別注を付けると満足度がグーンと上がる。とくに「ブリしゃぶ」が最高。個人的にはお酢などの調味料や、甘めの味付けに違和感を感じたけれど、民宿でこの内容なら文句を言う方が筋違いだろう。朝食は簡素。

■ 風情＆ロケーション ★★☆☆☆

到着時に「えっ？本当にここ？」と誰もが思う料亭風の外観と庭。民宿で考えるなら５つ星かも。

■ 接客＆サービス ★☆☆☆☆

そもそも民宿に接客なんて不要ですから。もちろん決して悪いわけではありません。

■ コストパフォーマンス ★★★★★

ブリの季節のコストパフォーマンスは抜群。安くて美味しい民宿を探している人におすすめです。

❗ こんな人におすすめ！

「漁港の近くで新鮮な魚を食べるのが最高の贅沢」という人。美味しい酒を飲みながら、たらふく、お腹いっぱい魚を食べたい人にもおすすめ。グループ旅行や宴会に最も適している宿。とくにブリの季節は最高。

❗ こんな人は行ってはダメ！

繁忙期は客室が可動式間仕切りで仕切られたりする。当然、防音は期待できないし、鍵のない部屋もある。そういうことが気になる人はＮＧ。料理の味付けが甘めなので、人によっては違和感を感じるかも。

食文化に興味がある人はぜひ！

郷土料理の宿　さんなみ

【石川県・能登町】

日本を代表する民宿である『さんなみ』。民宿とはいえ、客室などの施設は旅館と同等かそれ以上。数々の雑誌に登場するその料理の味はいかに。

※「さんなみ」は2011年３月31日で閉館しました。

１泊２食　**14,700円～**

2009年３月13日（金曜）に大人２名で宿泊。１泊２食14,700円。休前日同料金。別途、お土産に「いしり」（１本200mℓ700円）と「ゆうなんば」（１瓶1,200円・自家製柚子と能登の塩、唐辛子を発酵熟成させたもの）を購入。どちらもさんなみの自家製だ　住 石川県鳳《ほう》珠《す》郡能登町矢波27-26-3　電 0768-62-3000　食 夕食・朝食：お食事処　♨ 温泉ではない、貸切内湯１、貸切露天風呂１（～22：00で内鍵をかけて使用・露天風呂は冬季と悪天候時・朝使用不可）　施 和室３（全Ｔ付）　🕓 イン15:00／アウト10:00　交 電車 のと鉄道穴水駅から宇出津方面行バスで矢波弁天駅下車、徒歩約10分　車 北陸自動車道森本ICから能登有料道路に入り穴水IC下車、約30km。金沢ICから約２時間

決して万人受けする宿ではない

『さんなみ』は遠い。金沢駅からはレンタカーを飛ばして2時間。能登《のと》空港が開業したおかげで空港から30分ほどで行けるようになったけれど、航空券代+レンタカー代を考えると、決して気軽に行ける場所ではないだろう。それでも年間を通じてほぼ満室。日本でもっとも予約が取れない民宿かもしれない。

なぜそんなに人気なのかといえば、メディアがこぞって絶賛しているから。雑誌やテレビで取り上げられたことは数知れず。自遊人でも「日本の宿大賞」で第1回は12位、第2回は第5位にランクイン。「一度は行ってみたい」と思っている読者もきっと多いことだろう。で、想いが募れば募るほど、そして距離が遠ければ遠いほど、宿への期待は大きくなって……、相思相愛になればいいのだけれど、場合によっては悲劇の結末を迎えることになる。

そう。別のページで紹介した『魚恵』は万人受けする民宿だけど、『さんなみ』はどちらかというと〝玄人受け〟する民宿。けっして泊まった誰もが「最高だった」と思うわけではない。人によっては「期待した割にはなんてことない宿だった」と思うかもしれない。

ではどんな人に最高で、どんな人には向いていないのか、

覆面取材の視点で書いていくことにしよう。

奥能登の情景に期待してはいけない

宿は富山湾を望む高台に建っている。周囲はどこにでもある田園風景。〝奥能登〟といえば聞こえはいいけれど、さんなみの近くには風光明媚な観光地はない。しかも周囲に大自然が広がる、というわけでもない。普通の人々が普通に暮らしている、普通の田舎の風景。だから〝奥能登〟という言葉に特別な情景を思い描いていると肩すかしを食らうだろう。

当然ながら、宿は奥飛騨型のテーマパーク旅館でもない。ちょっと門構えが立派で、アプローチが素敵で、温泉ではないけれど絶景の露天風呂があったり、と〝ちょっといい感じ〟ではあるのだけれど、門の隣には車庫があったり、と「フツー」の宿だ。とはいってもここは民宿。むしろこの自然体な感じが、さんなみの魅力でもあるのだ。

自然でフツーの味がする料理

自然体なのは接客はもちろん、料理も同じ。別に見た目には、なんてことはない料理だ。ズワイガニがドーンとか、霜降りブリしゃぶ、なんてものはない。むしろかなり地味。だから人によっては「田舎の婆ちゃんが作る料理と変わらないじゃないか」と思う人もいるだろうし、「こんな家庭

15:00 到着

能登空港へは全日空が羽田から１日２便運航。28日前まで購入できる旅割なら片道12,800円。とはいえレンタカー代などを含めると、旅の予算はけっこうな金額になる。

さんなみが建つのは国道から外れた高台。看板を見落とさないように。

門といい、アプローチといい、風情はなかなか。主人のセンスが光る。

玄関を開けるといきなり漂う、魚といしりの貝焼きのにおい。かなり強い。

客室は３つあり、すべて10畳。民宿というより、これはもう完全に旅館だ。

手作りの干し柿で一息。この宿ではなんでも手作りが当たり前なのだ。

各室に洗面、トイレ付き。部屋にはもちろん内鍵もかかる。

個人的にはシャワートイレに変えてくれるとありがたいのだけれど……。

料理の延長線上にあるものを、〝美味しい〟〝凄い〟ってマスコミは言ってるのか」と思う人もいるだろう。

「なんだこりゃあ！」とか「体験したことのない衝撃が！」なんて味でもない。だって日本人にとって、日本の郷土料理は、仮に地域は違っても、たいがい異次元の味には感じないから。つまり、自然でフツーの味なのだ。

と、ここまで読んで、「な〜んだ。大したことないのか」と思ったら、それはそれで違う。今どき、自然でフツーの味を出すことは難しいのだ。町の食堂やファミレス、ファーストフードは、フツーではない。あれは〝化学の味〟なのだから。

せめて人間県宝くらいには……

ではなぜそんなにさんなみはマスコミに絶賛されているのか。この宿には奥能登のフツーの味を出すための調味料がある。それが自家製の「いしり（いしる）」。イカと塩だけで造った魚醤で、その昔はあちこちの家庭で、フツーに造っていたのだそうだ。さんなみ絶賛のわけは、この自家製いしりにある。

しかし「いしりの自家醸造ってそんなに凄いことなの？自家製味噌を造っている宿とどこが違うの？」と思う読者もいるだろう。その答えはこういうことだ。

アメニティはこんな感じ。バスタオルもあるし、ドライヤーもある。

なんでも手作りするから、乾物もフツーにあちこちに干してある。

春以降しか入れない露天風呂を見学。気持ちよさそー、だけど水。

お風呂はこんな感じ。1つしかないので鍵をかけて貸切使用。30分以内。

18:15 夕食

自家製なのはいしりだけでなく、味噌も野菜も鰹節も。砂糖もほとんど使っていないそうで、健康を気遣う人にはありがたい限り。甘みは渋柿の皮から取っているという。

自家製ごま豆腐。だしの味にホッとするのは、日本人ならではの感覚だ。

イカの塩辛にイカスミを混ぜた、イカの黒造り。普通の塩辛より濃厚。

マツモの酢の物。ワカメの時期に獲れる、実は高級食材。ぬめりが特徴。

今でこそ「いしり」は能登の土産物屋で必ず見かけるほど有名になったが、主人がいしり造りを始めた30年前、昔はあちこちの家庭で造っていたいしりは絶滅しかけていたのだ。しかも主人は塩角《しおかど》をとるため2年熟成にこだわった。そしてさんなみがマスコミに取りあげられると同時に、「いしり」も各地に知れ渡っていった。つまり能登のいしりブームの先鞭をつけたのは、さんなみの主人、船下智宏さん、というわけなのだ（ただし土産物屋のものと、2年熟成の1番搾りというさんなみ製とは中身がずいぶん違う）。

ちょっと話はオーバーだけれど、人間国宝（重要無形文化財保持者）は、途絶えていた技術を復活させたことで認定された人も多い。さすがに将来、いしりで人間国宝に認定、はありえないけれど、日本の食文化を考えれば、かつては各地で造られていた魚醤が次々消滅し、この地でも絶滅しかけていた魚醤の製法を守ったという点で船下さんの貢献は社会的価値が極めて高いわけで……国宝は無理でも、石川県宝くらいに認定されてもおかしくないと個人的には思ったりする（そんなものはないけれど）。だから食に造詣が深い人であればあるほど、「さんなみは凄い」ということになるわけだ。

しかも主人の船下さんは、そんなに凄い人なのに、まっ

食文化に興味のある人なら　リピーターになること必至。

いしりで炊き込んだご飯を焼く「海餅」。表面には海草が付けてある。

刺身は甘エビ、カンパチ、サザエ。なかでもカンパチが美味しかったぁ！

旬の短いホタルイカは3月中旬〜4月下旬。新ネギを添えて。

タラの銀あんとじ。タラの旬は終わりかけているけれど、まだ十分いける。

旬のサヨリは淡泊なのに旨味がしっかりしている。美味しかった。

カンパチのヅケ。ちょっと味が濃いけれど、ごはんや酒によく合う。

たく凄そうではなくて、いたってフツーに、淡々といしりを造ったり、鰹節を自家製したり、なれずしや魚のぬか漬けを作っている。このフツーの感じがこれまた凄いのだ。

気に入ったらリピーター必至

ところで、自然でフツーの味と書いたけれど、それはどんな味なのか。

ひと言で表すならば「安心する味」といったところだろうか。いしりはかなり強い旨味を持っているけれど、化学的な旨味ではないので、食べたあとにスーッと引いていく。もちろん魚の鮮度は抜群だし、味付けセンスも田舎料理のそれとはひと味もふた味も違っている。「へぇぇ」という驚きもあちこちに用意されていて、食事が本当に楽しい。

だから実際には、そこいらの婆ちゃんがちょちょいと作れる料理ではないし、家庭料理の延長線上にあるように見えて、実際には別次元にある。

「お客さんが喜ぶように考えられているんだけれど、それがやり過ぎじゃなくて、自然な感じがいいですよね」と編集部M。そう。この自然な感じがさんなみの魅力。ここまで読んで「行ってみたい」と思ったなら、リピーター必至。実は私もリピーターです（ご主人は覚えていなかったみたいだけれど）。

※「さんなみ」は2011年3月31日で閉館しました。

名物のいしりの貝焼き。イカの魚醤とイカが合わないわけがありません。

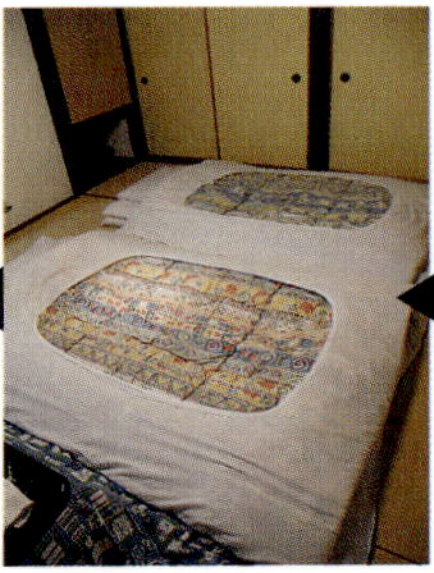

満腹になって部屋に戻ると布団が敷いてあった。おやすみなさい。

7:00 翌朝

朝食は8:00くらいから。タラ汁、なめみそ、イワシのおからずし、手作りの漬けもの……。サバをぬか漬けして２年熟成させた「こんかサバ」は、臭みがクセになりそう。

もちろん朝食も手抜きなし。左ページの大きな写真（下）が「こんかサバ」。

カンパチ大根。美味しかったなぁ、これ。甘さ控えめが好みにぴったり。

宿帳は朝食後に。有名人も普通のお客さんも同様に接するため、らしい。

食後はサンルームでコーヒーサービス。あっという間に時が過ぎていく。

気付くともう10:00。ロビーでチェックアウト。できれば連泊したい。

さんなみ

【石川県・能登町】

超私的評価

★★★★☆

★ まあ悪くないかな
★★ けっこういい、悪くない
★★★ かなりいいじゃない！また来たい！
★★★★ もう最高！文句なし！
★★★★★ これは日本有数のレベルですよ

もう少し近かったら最高なのに……

日本の食文化に興味のある人はぜひ一度。２年熟成の「いしり」は、魚醤の常識を覆すかも。そのほか、日本では絶滅しかけている昔ながらの味(「こんか」など)を楽しめるのも魅力。

■ 温泉 ☆なし

温泉ではないけれど、手作りの露天風呂は開放感満点。ただし悪天候時と冬季は使用不可。

■ 料理 ★★★★★

実際には大変すぎて不可能だけど、これこそ全国の宿が追求するべき料理の姿、だと思う。〝安心して食べられる地元のフツーの料理。ちょっとサプライズ付き〟。朝食も素材から調味料まで完璧。日本にはウン万軒の宿があるけれど、こういう志の高い宿はほんのわずか。

■ 風情＆ロケーション ★★★☆☆

高台に建つので海の眺めは抜群。天気のいい日は庭でのんびり過ごすと最高。

■ 接客＆サービス ★★☆☆☆

民宿なので特別なものはない。でも温かみある接客が気持ち良い。民宿と考えれば３つ星か。

■ コストパフォーマンス ★★★☆☆

宿自体のコストパフォーマンスは悪くないが交通費を含めると……。マイルを使えば５つ星？

! こんな人におすすめ！

食文化に興味のあるすべての人に（もちろん食いしん坊も）。ちょっといい宿、民宿を探して点々と旅するのが好きな人にも向いている。

! こんな人は行ってはダメ！

「民宿は新鮮な魚をドドーンと出すのがいい」と思っている人。数々の雑誌に載っている写真を見て妄想が膨らみすぎている人。素朴な宿です。

あとがき

『自遊人』という雑誌は株式会社自遊人という出版社が発行している。なのにこの本は、ご覧のとおり株式会社角川マガジンズから発行してもらうことになった。「なんで自分のところで出版しなかったの？」そう疑問に思った人も多いに違いない。ということで、その秘密を最後に。

　実は出版界では取次店を通さないと、事実上、雑誌も書籍も書店に並べることができない。で、話は簡単。自遊人は雑誌の口座は各取次店と開設しているのだけれど、書籍は開設していないのだ。もちろん開設しようと思えばできるのだけど、開設したらそのシステム上、ずーっと書籍を出し続けなければいけない。なので自遊人は10年も出版しているのに、書籍化したのは1冊だけ。それは椎名誠さんの本だったのだけれど、それも他の会社の口座を借りて出版したのだった。

　今回の場合は口座を借りるのではなく、単純に書籍としてまとめてくれる出版社を探していた。そして私たちは自遊人の連載記事のはみだしに、「この企画を書籍化してくれる出版社の方を募集しています」と書いた。その小さな小さな一行を見て、電話をしてきてくれたのが、角川マガジンズの間(はざま)さんだったのだ。

　間さんをはじめ、角川マガジンズの方は「なんで自分で出さないんですか？」「なんで印税契約なんですか？　口座を借りて自分で出版すれば、もっと利益が出るかもしれないじゃないですか」と口々にそうおっしゃった。

　私はこう答えた。

「餅は餅屋、書籍は書籍の専門家が作らないとダメですから」

　今の世の中、書籍を自分の会社で出版したところで、ほとんど利益は出ない。もちろん大当たりすれば儲けも出るだろうが、この手の本が大当たりすることはないだろう。だったら、プロに任せた方がいい本になる。

「本当にいいんですね？」

　何度も聞いた間さんが印象に残っている。

　さて、このあとがきを読者の皆さんが読んだとしたら、この本はめでたく角川マガジンズから出版されたことになる。間さん、どうもありがとう。お互い、売れてくれるといいですね。

50音別 INDEX

あ

あさば(P64)
住 静岡県伊豆市修善寺3450-1
電 0558-72-7000

有馬山叢 御所別墅(P40)
住 兵庫県神戸市北区有馬町958
電 078-904-0554

か

鐘山苑(P110)
住 山梨県富士吉田市上吉田6283
電 0555-22-3168

魚恵(P202)
住 富山県氷見市北大町7-38
電 0766-72-3744

さ

三水館(P194)
住 長野県上田市西内1866-2
電 0268-44-2731

さんなみ(P210)
住 石川県鳳珠郡能登町矢波27-26-3
電 0768-62-3000※2011年3月で閉館

松宝苑(P150)
住 岐阜県高山市奥飛騨温泉郷一重ケ根205-128
電 0578-89-2244

住吉屋(P120)
住 長野県下高井郡野沢温泉村豊郷8713
電 0269-85-2005

石亭(P82)
住 広島県廿日市市宮浜温泉3-5-27
電 0829-55-0601

草円(P142)
住 岐阜県高山市奥飛騨温泉郷福地温泉831
電 0578-89-1116

た

玉の湯(P74)
住 大分県由布市湯布院町湯の坪
電 0977-84-2158

俵屋旅館(P56)
住 京都府京都市中京区麩屋町姉小路上ル中白山町278
電 075-211-5566

鶴の湯温泉(P158)
住 秋田県仙北市田沢湖田沢字先達沢国有林50
電 0187-46-2139

な

二期倶楽部(P100)
住 栃木県那須郡那須町高久乙道下2301
電 0287-78-2215

は

ハイアット リージェンシー 箱根 リゾート＆スパ(P48)
住 神奈川県足柄下郡箱根町強羅1320
電 0460-82-2000

藤三旅館 湯治部(P176)
住 岩手県花巻市鉛字中平75-1
電 0198-25-2901

法師温泉長寿館(P168)
住 群馬県利根郡みなかみ町法師温泉
電 0278-66-0005

星のや 軽井沢(P24)
住 長野県軽井沢町星野
電 050-3786-0066

星のや 京都(P12)
住 京都府京都市西京区嵐山元録山町11-2
電 050-3786-0066

ホテルリッジ(P90)
住 徳島県鳴門市瀬戸町大島田字中山1-1
電 088-688-1212

ま

みやま(P134)
住 宮城県大崎市鳴子温泉字要害91
電 0229-84-7641

明神館(P32)
住 長野県松本市入山辺8967
電 0263-31-2301

向瀧(P128)
住 福島県会津若松市東山町大字湯本字川向200
電 0242-27-7501

ら

嵐渓荘(P186)
住 新潟県三条市長野1450
電 0256-47-2211

エリア別INDEX

東北地方

岩手県・鉛温泉
藤三旅館 湯治部(P176)
住 岩手県花巻市鉛字中平75-1
電 0198-25-2901

秋田県・乳湯温泉郷
鶴の湯温泉(P158)
住 秋田県仙北市田沢湖田沢
字先達沢国有林50
電 0187-46-2139

宮城県・川渡温泉
みやま(P134)
住 宮城県大崎市鳴子温泉字要害91
電 0229-84-7641

福島県・会津東山温泉
向瀧(P128)
住 福島県会津若松市東山町
大字湯本字川向200
電 0242-27-7501

関東地方

栃木県・那須町
二期倶楽部(P100)
住 栃木県那須郡那須町
高久乙道下2301
電 0287-78-2215

群馬県・法師温泉
法師温泉長寿館(P168)
住 群馬県利根郡みなかみ町法師温泉
電 0278-66-0005

神奈川県・箱根温泉郷
ハイアット リージェンシー 箱根 リゾート&スパ(P48)
住 神奈川県足柄下郡箱根町
強羅1320
電 0460-82-2000

甲信越地方

新潟県・越後長野温泉
嵐渓荘(P186)
住 新潟県三条市長野1450
電 0256-47-2211

山梨県・富士五湖 鐘山温泉
鐘山苑(P110)
住 山梨県富士吉田市上吉田6283
電 0555-22-3168

長野県・鹿教湯温泉
三水館(P194)
住 長野県上田市西内1866-2
電 0268-44-2731

長野県・野沢温泉
住吉屋(P120)
住 長野県下高井郡野沢温泉村
豊郷8713
電 0269-85-2005

長野県・星野温泉
星のや 軽井沢(P24)
住 長野県軽井沢町星野
電 050-3786-0066

長野県・扉温泉
明神館(P32)
住 長野県松本市入山辺8967
電 0263-31-2301

北陸地方

富山県・氷見市
魚恵(P202)
住 富山県氷見市北大町7-38
電 0766-72-3744

石川県・能登町 ※2011年3月で閉館
さんなみ(P210)
住 石川県鳳珠郡能登町
矢波27-26-3
電 0768-62-3000

東海地方

静岡県・修善寺温泉
あさば(P64)
住 静岡県伊豆市修善寺
3450-1
電 0558-72-7000

岐阜県・福地温泉
草円(P142)
住 岐阜県高山市奥飛騨温泉郷
福地温泉831
電 0578-89-1116

岐阜県・新平湯温泉
松宝苑(P150)
住 岐阜県高山市奥飛騨温泉郷
一重ケ根205-128
電 0578-89-2244

近畿地方

京都府・中京区
俵屋旅館(P56)
住 京都府京都市中京区麸屋町
姉小路上ル中白山町278
電 075-211-5566

京都府・嵐山
星のや 京都(P12)
住 京都府京都市西京区嵐山
元録山町11-2
電 050-3786-0066

兵庫県・有馬温泉
有馬山叢 御所別墅(P40)
住 兵庫県神戸市北区有馬町958
電 078-904-0554

中国地方

広島県・宮浜温泉
石亭(P82)
住 広島県廿日市市宮浜温泉3-5-27
電 0829-55-0601

四国地方

徳島県・鳴門市
ホテルリッジ (P90)
住 徳島県鳴門市瀬戸町大島田
字中山1-1
電 088-688-1212

九州地方

大分県・由布院温泉
玉の湯(P74)
住 大分県由布市湯布院町湯の坪
電 0977-84-2158

料金別INDEX

1万円以下

3,500円～（1泊素泊り）
藤三旅館 湯治部（P176）
住 岩手県花巻市鉛字中平75-1
電 0198-25-2901

8,550円～（1泊2食）
鶴の湯温泉（P158）
住 秋田県仙北市田沢湖田沢字先達沢国有林50
電 0187-46-2139

1万円台

11,150円～（1泊2食）
魚恵（P202）
住 富山県氷見市北大町7-38
電 0766-72-3744

13,800円～（1泊2食）
松宝苑（P150）
住 岐阜県高山市奥飛騨温泉郷一重ケ根205-128
電 0578-89-2244

13,800円～（1泊2食）
嵐渓荘（P186）
住 新潟県三条市長野1450
電 0256-47-2211

14,700円～（1泊2食）
さんなみ（P210）
住 石川県鳳珠郡能登町矢波27-26-3
電 0768-62-3000
※2011年３月で閉館

14.850円～（1泊2食）
法師温泉長寿館（P168）
住 群馬県利根郡みなかみ町法師温泉
電 0278-66-0005

15,900円～（1泊2食）
三水館（P194）
住 長野県上田市西内1866-2
電 0268-44-2731

16,950円（1泊2食）
みやま（P134）
住 宮城県大崎市鳴子温泉字要害91
電 0229-84-7641

16,950円～（1泊2食）
向瀧（P128）
住 福島県会津若松市東山町大字湯本字川向200
電 0242-27-7501

18,000円～（1泊2食）
住吉屋（P120）
住 長野県下高井郡野沢温泉村豊郷8713
電 0269-85-2005

19,650円（1泊2食）
草円（P142）
住 岐阜県高山市奥飛騨温泉郷福地温泉831
電 0578-89-1116

2万円台

26,150円（1泊2食）
明神館（P32）
住 長野県松本市入山辺8967
電 0263-31-2301

27,450円～（1泊2食）
鐘山苑（P110）
住 山梨県富士吉田市上吉田6283
電 0555-22-3168

28,500円～（1泊2食）
石亭（P82）
住 広島県廿日市市宮浜温泉3-5-27
電 0829-55-0601

29,800円～（1泊2食）
ハイアット リージェンシー 箱根リゾート＆スパ（P48）
住 神奈川県足柄下郡箱根町強羅1320
電 0460-82-2000

3万円台

34,150円～（1泊2食）
二期倶楽部（P100）
住 栃木県那須郡那須町高久乙道下2301
電 0287-78-2215

34,800円～（1泊2食）
玉の湯（P74）
住 大分県由布市湯布院町湯の坪
電 0977-84-2158

37,950円～（1泊2食）
あさば（P64）
住 静岡県伊豆市修善寺3450－1
電 0558-72-7000

4万円以上

42,263円～（1泊2食）
俵屋旅館（P56）
住 京都府京都市中京区麩屋町姉小路上ル中白山町278
電 075-211-5566

46,350円～（1泊2食）
ホテルリッジ（P90）
住 徳島県鳴門市瀬戸町大島田字中山1-1
電 088-688-1212

53,150円～（1泊2食）
有馬山叢 御所別墅（P40）
住 兵庫県神戸市北区有馬町958
電 078-904-0554

泊食分離

29,500円～（1泊食事なし）
星のや 京都（P12）
住 京都府京都市西京区嵐山元録山町11-2
電 050-3786-0066

54,000円～（2泊食事なし）
星のや 軽井沢（P24）
住 長野県軽井沢町星野
電 050-3786-0066

※料金は2011年10月現在、２名利用の場合の１名分の最低料金です（編集部調べ）。
ご利用の際には各宿までお確かめのうえ、お出かけください

編集
間有希
木川誠子

製作
小泉大志

校正
山田真

DTP・製版
株式会社 山栄プロセス

SPECIAL THANKS
吉澤早苗（自遊人編集部）

伊豆 大観荘

一度《いちど》は泊《と》まりたい有名宿《ゆうめいやど》
覆面訪問記《ふくめんほうもんき》

発行日
2010年　5月28日初版発行
2012年　10月5日３刷発行

覆面取材：岩佐十良《いわさとおる》

発行人
辻真弘

発行所
株式会社 角川マガジンズ
東京都千代田区富士見1-3-11
富士見デュープレックスB's

電話／編集
03-3238-8764

発売元
株式会社　角川グループパブリッシング
東京都千代田区富士見2-13-3　〒102-8177

電話／販売
03-3238-8528

印刷・製本
凸版印刷株式会社

Printed in Japan
ISBN978-4-04-895093-0　c0076